自分を変える
習慣力

コーチングのプロが教える、
潜在意識を味方につける方法

三浦将
SHOMA MIURA

クロスメディア・パブリッシング

はじめに

　続けたくても続かない。健康のため、ダイエットのため、そして自己研鑽のために、良い習慣を身に付けたくて、何度もやってみるのだけど、なかなか続かない。

　悪い習慣を改善し、良い習慣を身に付けたくて、何度も試みるけど、なかなか続かない。

　この本を手に取る前にも、何冊かの習慣化に関する本を参考にしてみたこともあるのだけど、一向に上手くいかない。そんな経験はありませんか。

　もし、あるとしても、大丈夫です。あきらめる必要はありません。なぜなら、それはただ単に、人間についての根本的なことに基づく方法を取っていなかったからです。
　この根本的なことを理解した方法を取れば、習慣は実はとても簡単に身に付きます。根本的なこと、それは、あなたの潜在意識を味方に付けることです。

「潜在意識」は、「コンピューター」「原子エネルギー」と並ぶ、20世紀の三大発明の1つとも言われ、精神分析で有名なジグムント・フロイトらにより提唱されてから、21世紀にかけてその研究が進んでいます。

　習慣化が上手くいかないのは、あなたが意識していない心の奥底の深いレベルで、この潜在意識の強烈な抵抗を受けているからです。そ

れは、気持ちは前に進もうとしているのに、心の奥では気付かないうちにブレーキがかかっている状態。

　気持ちでは習慣的に運動をした方がいいと思っているのに、一向に身に付かない。気持ちでは英語を勉強した方がいいと思っているのに、いつも三日坊主。気持ちではダイエットをした方がいいと思っているのに、ケーキやお菓子がやめられない、止まらない。

　それらはすべて、あなたの潜在意識の仕業です。

　本書は、その潜在意識の特性を理解し、潜在意識の抵抗を受けない状態にし、さらには潜在意識を味方に付けながら、習慣化を進める画期的な方法をお伝えする本です。また、読み進めていくにつれ、あなたを変える、そしてあなたの人生を変える、習慣の驚くべきパワーを知ることになるでしょう。

はじめに 3

Prologue 自分を変える習慣力

01 良い習慣を1つ始めると、悪い習慣がすべてが変わる 12

02 スイッチとなる習慣を見つける 17

Chapter 1 習慣化への4ステップ

01 無意識にやっているレベルを目指す 24

02 習慣化にも段階がある 27

03 不必要な習慣をやめる 30

Chapter 2 潜在意識を味方につける

01 人は潜在意識に支配されている 34

02 そもそも潜在意識とは 37

Column 1 五郎丸選手のルーティンの効果 39

03 潜在意識の書き換え方とは 40

04 潜在意識による自動操作モード 45

Column 2 ネイマールは、脳をほとんど使わない 47

Chapter 3 頑張らなくていい理由

01	習慣化の賢い始め方とは	52
02	三日坊主の人にある特徴	55
03	習慣化の初期段階で、最も重要なこととは	59
04	成功する条件とは	61

Chapter 4 習慣は才能を超える

01	成功と習慣の関係とは	66
02	プロフェッショナルの習慣とは	69
03	習慣化の3つの効果とは	72
Column 3	何歳からでも脳力は伸びる	75

Chapter 5 スイッチとなる習慣の見つけ方

本当の目的と最高の目標

01	あなたが本当にしたいことは何か	79
02	本当の目的を確認するためのステップ	83
03	最高の目標のつくり方とは	85
04	目標をポジティブな言葉にする意味とは	88

三日坊主にならないための方策

01 自分にあったやり方の見つけ方とは　92

02 快の感情の結びつけ方とは　93

03 行動しやすいパターンの見つけ方とは　95

04 なぜパートナーを見つけることが重要なのか　97

Chapter 6 仕事・生活習慣の磨き方

仕事の習慣

01 断捨離の重要性とは　103

02 読書の断捨離習慣　105

03 意志決定の断捨離習慣　108

04 自分を大切にする習慣とは　111

Column 4　世界で活躍する人の習慣　115

05 自分の言葉で語る習慣　117

06 脳力が上がる習慣とは　122

07 普段やらないことをやってみる習慣　125

身体の習慣

01 週に数回料理をする習慣　129

02 食習慣を変えてみる　132

03 楽しく食事制限する習慣　137

04 運動で脳力がアップする　141

05 最高の生活改善、早起きの習慣 148

06 姿勢と心の関係 155

Column 5　PC作業時に目線を上げる習慣 161

Chapter 7 人生を根本から変える習慣

コミュニケーションの習慣

01 コミュニケーションが人生を左右する 165

02 人の悩みの根本にあるのは 169

03 傾聴が重要なワケとは 170

Column 6　なぜマネージャーが育たないか 176

04 相手を承認する習慣 178

05 目的論で考える習慣とは 182

心の習慣

01 お金は幸福感にどのくらい影響するか 192

02 心を安定させる習慣 195

03 積極的なとらえ方をする習慣 205

04 目に見えるものの味方を変える習慣 207

05 自分を傍観してみる習慣 213

おわりに 219

Prologue

自分を変える
習慣力

01 良い習慣を1つ始めると、悪い習慣すべてが変わる

✔ あるビジネスマンのお話

- ●将来への漫然とした不安や焦燥感を感じる
- ●仕事に対して、人生全体に対して、毎日やっていることにあまり納得感がない
- ●自分で自分を認めることができず、自己肯定感が低い
- ●自分の才能や能力というものが見えてきて、やっていることに限界を感じる
- ●頑張っているのに、成果が伸びない現実を何とかしたい
- ●自分を取り巻く人間関係を何とかしたい

みなさん、こんな思いがありませんか？　また、そんな現状にさらされ、悩んでいませんか？

　今の難しい現状を根本から打破するきっかけが、たった1つの習慣を始めることによって可能になるとしたら？　そして、そのたった1つの習慣が身に付くことで、ポジティブな連鎖を次々に起こし、自分の人生を変えていくことが可能になるとしたら？

　本書は、それが可能であるという事実を、実証ベースであなたにお伝えし、自分を変える習慣の身に付け方を具体的にお伝えする本です。まずは、その1つの例から見ていきましょう。

私のメンタルコーチングのクライアントであるMさんは、40代前半のビジネスマン。20代、30代を仕事優先にがむしゃらに生きてきましたが、ここに至り、仕事だけでなく、人生のあらゆる面において、これまで経験したことのない行き詰まり感を持っていました。

　ビジネスマンとしての能力の限界や、マネージャーとしての適性への疑問を感じ、家族に対して十分な時間が取れていないこと、将来への漠然とした不安と焦燥感など、多くのことがMさんに重くのしかかっていました。そして、それらのストレスが原因で情緒の安定を欠き、喫煙と飲酒の量が増え、体調も思わしくありませんでした。

　そんな中Mさんは、友人からメンタルコーチングのことを聞き、その方から私を紹介されました。コーチングを進める中で、自分をこれまでになく深く見つめる機会を得て、いくつかの気付きから、Mさんは、1つの行動を取ることを決めました。

「毎朝5時30分に起きる」。

　それまで、いつも深夜1時、2時過ぎまで夜更かしをして、起床が7時過ぎだったMさんにとっては、なかなか大変な行動目標と思われました。しかし、これまでと違うのは、コーチングセッションによって、Mさんの心の奥にあった、**本当にしたいことが明確にわかったことです。**

　実は、Mさんには、忙しさにかまけて、家族との時間をあまり取れていないことが、ずっと心に引っかかっていました。たまに取れた一緒の時間も、いつも心ここにあらずのような状態で、子どもたちと

本気で楽しむ時間にできていなかったことに、心からの後悔がありました。

　コーチングセッションで、「家族との充実した時間をしっかりとりたい」ということが、本当の願いであると気付いたとき、「朝5時30分に起きる」という目標がその願いとしっかりと結びつきました。

　そのための最適な時間は、Mさんにとっては朝でした。朝、こどもと一緒に家のまわりを散歩しながら、おしゃべりをしたり、家族全員で楽しく朝食をとったり、時々子どもの宿題を見てあげたりすることが、Mさんのイメージの中にありありと表れました。こうして、「毎朝5時30分に起きる」という習慣化目標が、非常に腹落ちした感覚で生まれてきたのです。

　習慣化の最初は、意識をしながら毎日続けることが肝心です。一方、Mさんの心の灯は、それを実行するに十分なパワーを持っていました。3日、3週間と、Mさんの5時30分起きは定着していきました。1ヶ月を過ぎる頃には、目覚ましの力を借りる必要もなくなっていました。そして、3ヶ月を過ぎると、自分の生活パターンとしてすっかり定着した感がありました。

　それまで全てに行き詰まりを感じていたMさんが、**自分の思い通りになるものを1つ、しっかりと手に入れたのです。**

　毎日の早起きは、Mさんにさまざまな利益をもたらしてくれました。その中には、家族との充実した時間のみではなく、自分自身のための時間の充実もありました。これまで、遅々として進まなかった英語の勉強も驚くほどはかどり、読書をしていても、これまでとは比べものにならないほど理解が進み、楽しんでいる自分がいました。

そして、TOEICの点数は、数ヶ月で200点以上も上がり、読書量もそれまでの数倍になっていました。また、毎朝15分間の体操と軽い運動の習慣がついたことによって、朝の爽やかさが増し、健康への自信も高まっていきました。

朝5時30分から7時まで、1日あたり1.5時間の充実した時間は、1か月では、1.5時間×31＝46.5時間となり、1年では、1.5時間×365＝547.5時間という膨大な時間となります。しかもこれが、朝という最も脳が活性化する時間に行われる効果は計り知れません。

早起きの習慣の波及効果は、それだけには留まりませんでした。

ストレスが減ったためか、禁煙しようと思った訳でもないのに、タバコの本数は、どんどん減っていき、ついには1本も吸わなくなりました。仲間と飲みに行っても、それまではダラダラと2次会にも参加していたのに、5時30分に起きるためにキッパリと断るようになり、酒量も毎月の飲み代も激減。

また、朝の30分を使って、仕事のアイデアを考えるようになってから、仕事へのモチベーションも非常に高いものとなりました。この流れの中で、自分の根本的な能力にも、更なる可能性を感じられるようになってきました。

そして、気が付くと、上司をはじめとするまわりの人との人間関係も改善していることが実感できました。数か月の後には、自分の中にゆったりとした余裕が生まれてきた感覚と、自分らしく仕事と人生を楽しめるようになっているMさんがそこにいました。やがて、会社での昇進も果たし、よりやりがいのある仕事を任せられたMさんの意識

は、それまでの自分中心のものから、まわりの人間への貢献から得られる幸せ感に移行していきました。

　このようにして、行き詰っていたMさんの人生は、とても豊かなものへと一変したのです。「人生において、本当にやりたいことができるようになった」と、Mさんは言います。

　一体どうしてこんなことが起きたのでしょうか？
　1つの習慣を身に付けたことが、自分を、そして自分の人生を大きく変えていく。こんなことが実際に起きるのです。
　そのためにやることは、**スイッチとなる習慣を1つ見つけ、それを習慣化する、**たったそれだけなのです。

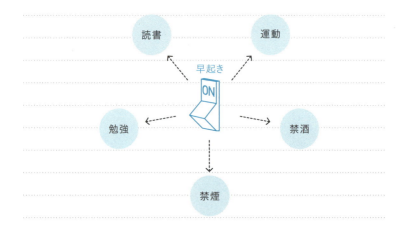

1つの「スイッチとなる習慣」の良い影響が波紋のように広がっていく

02 スイッチとなる習慣を見つける

✔ 運動の習慣が身に付くことの影響

Mさんのエピソードが偶然ではない訳をお話しましょう。

オーストラリアの研究者ミーガン・オーテンとケン・チャンが行った実験では、被験者のみなさんに2か月に渡る運動プログラムに取り組んでもらいました。ジムに週3回通い、ウェイトトレーニングやエアロビクスなどを行うというプログラムでした。運動の習慣が付くことによる影響を調べる実験です。

被験者からは、生活の中での活動の変化について、詳細な報告をもらうことになっていました。「衝動買いの頻度」「喫煙量」「飲酒量」「カフェインの摂取量」「ジャンクフードの摂取量」「人との約束を果たした率」「人に親切にする頻度」などをはじめとする、生活の変化についてです。

すると、運動を続けた被験者には、好ましい行動が増え、好ましくない行動の回数が減るという傾向が顕著に表れ、著しい生活の改善が見られました。そして、それとともに、意志の力、自制する力などの向上の事実もハッキリと表れました。

Mさんに起こったような良い連鎖と波及効果がここでも起こったの

です。一方、運動を続けなかったグループには、そのような変化は一切起こらなかったとのことです。

ではこれは、運動という習慣を身に付けたから起こったことなのでしょうか?

ここに疑問を持った研究者の2人は、他の習慣でも、それがスイッチとなって、新たな良い習慣が身に付いたり、好ましくない習慣と縁を切ったりことができるようになるかどうかの実験を繰り返しました。

結論から言うと、家計簿を付ける習慣や勉強をする習慣を始め、両氏が行った実験においては、どんな習慣でも、同じように新たな良い習慣が身に付いたり、好ましくない習慣と縁を切ったりすることができるようになったといいます。そして、ここでも意志の力や自制の力の向上が見られました。

たった1つの良い習慣を身に付けることによって、あなたの生活を向上させるための他の良い習慣が連鎖するように身に付いていく。これは、ミーガン・オーテンとケン・チャンの研究の結果に加えて、私の何千セッションというメンタルコーチとしての経験からも確信を持って言えることです。

✔ 小さなアクションを起こし続ける

コーチングではセッションの最後に、次回までに行う「小さなアクション」を必ず決めます。夜に1行だけ日記を書くとか、誰々に連絡を取るとか、そんな小さなことです。全てのことは、小さなアクションを起こすことから始まります。そこで、この小さなアクションを毎回

確実に実践すると、想定を超える成果を上げていくことがわかりました。

例えば、ある会社経営者の方が、6ヶ月後に達成しようと計画した大きな目標を、たった3ヶ月で達成してしまったり、ある営業マンが、営業成績目標の20%アップを遥かに上回る200%以上を達成してしまうようなことも実際に起きています。また、ある30代後半の女性が、10kg以上の減量に成功し、約8年ぶりに彼氏ができ、数ヶ月後にヴァージンロードを歩いているようなことも普通に起きているのです。

つまり、小さなアクションを起こし、起こし続けることが、やがて大きな変化をもたらすことになるのです。そして、良い習慣は簡単に身に付くのです。

これは、習慣を身に付けるのに、あなたが特別に強い意志の力を持っていたりする必要はないということです。また、追い込まれた状況にあったり、プレッシャーの強い状態であったりすることが（歓迎すべきことではありませんが）、習慣化を手助けしてくれる場合があります。それはそれで有効かも知れませんが、然るべき方法に準ずれば、あえてこのような状態に自分を追い込む必要もないのです。

では、その然るべき方法とはどんなものか？
そのカギは、潜在意識についての理解と、メンタルコーチングのプロセスにあります。

潜在意識とは、顕在化されていないけれど、心の中に確かにある意識。実は、この潜在意識にはとてつもないパワーが潜んでいます。一

方、メンタルコーチングのプロセスは、「本当にやりたいことに気付き、それを自分らしく、最もやりやすい方法で実践すること」。

　本書では、潜在意識の特性や、メンタルコーチングのプロセスをセルフコーチングという形で応用することによって、簡単に習慣化することができるということも詳しくお話ししていきます。

　もう、頑張る必要はないのです。

✔ 良い習慣化は脳の構造を変える

　もう１つ大事なことは、１つの良い習慣が身に付くと、脳の神経パターン自体が変わるという事実です。つまり、**１つの良い習慣が身に付くと、脳自体の構造が変わるのです。** 脳自体が変わることで、他の行動パターンの書き換えも行われるので、良い連鎖反応が次々に起こっていくということです。

　習慣の中には、この脳の力（本書では、脳力と呼んでいきます）自体を強力にパワーアップしてくれるものもあります。つまり、**習慣化によって、あなたの脳力までもが向上していくのです。**

　これは、人間の可能性は生まれ持ったもので、自分の才能には限界があると思っていた方には、福音と呼べることなのではないでしょうか？　このような習慣についても、後程ご紹介していきます。

　ミーガン・オーテンとケン・チャンの研究では、スイッチとなる最初の習慣はどんな習慣でもいい、という結論に至りました。しかし、実際は、どんな習慣から始めていいという訳ではありません。本書で

は、1人1人にとって最も連鎖力と波及効果が高い、最初の習慣を選ぶ方法、そして、取り組みたいと本気で思うことができる習慣を、まず確実に1つ身に付ける方法についてお伝えしていきます。

本書で私がお伝えしたいメッセージは大きく次の3つです。

1. スイッチとなる習慣を1つ見つけ、それを習慣化することで あなたの人生は変わる

2. 潜在意識の特性を理解し、セルフコーチングを応用すれば、 習慣を身に付けるのに固い意志は必要ない

3. 良い習慣を身に付けることによって、あなたの脳の力までもが 向上していく

第1のポイント「スイッチとなる習慣を1つ見つけ、それを習慣化することで、あなたの人生は変わる」では、スイッチとなる良い習慣には、あなたの日々の行動を変えるだけでなく、潜在意識の中にある思い込みを変え、あなたの世界観すらも変えるパワーがあることをお伝えします。

第2のポイント「潜在意識の特性を理解し、セルフコーチングを応用すれば、習慣を身に付けるのに固い意志は必要ない」では、習慣化のメカニズムと潜在意識の特性の関係を明示します。

そして、習慣化を始める際に、多くの人がおかしがちな間違いに陥ることなく、簡単に習慣化ができる方法をお伝えします。

また、セルフコーチングという、自分で自分をコーチングする簡易

な方法を用いて、習慣化の定着を促進させる方法についてもお伝えします。

　第3のポイント「良い習慣を身に付けることによって、あなたの脳の力までもが向上していく」では、数々の実証例に基づいて、その事実をお伝えしていきます。
　知能をはじめとする脳の力が向上すること自体を、信じることができない方もいらっしゃるでしょう。一方、現代の脳科学がその事実を証明している例は、実際に世の中にたくさんあります。運動をする習慣や、調理をする習慣、そしてチャレンジをする習慣などで、あなたの脳自体がパワーアップするという、福音とも言えるその事実をお伝えしていきます。

「鍵となる習慣」を手に入れられれば、そこからいい影響が波及する

Chapter 1

習慣化への
4ステップ

01 無意識にやっている レベルを目指す

✓ 無意識 → 意識 → 無意識

　本書を読んでいただいているみなさんの中には、早起き、ダイエット、禁煙など、習慣化にチャレンジしながら、成果を上げられなかった経験をお持ちの方もいることでしょう。そして、習慣を定着させることが、難しいという印象をお持ちの方も多いと思います。

　難しいと思われがちな、習慣化というものが、潜在意識の特性を理解することと、セルフコーチングを応用することによって、簡単に身に付くということをお伝えするのが、本書の画期的でユニークな点の1つです。

　セルフコーチングとは、自分自身でコーチングをすることを言います。コーチングというものをまったく知らない、受けたことがなくても、簡単にセルフコーチングができる方法をご紹介していきます。

　さて、良い習慣を習慣化していくためには、重要なポイントがいくつもあります。まず、ご紹介するのは、習慣化への段階を知るというものです。**習慣化の段階とは、物事の習熟の段階に似ています。**スイッチとなる1つの習慣をまず定着させるためにも、この段階について知ることはとても重要です。

　習熟の段階についてまずお話ししましょう。

突然ですが、歯磨きをする仕草をしてみてください。

　おそらく、慣れたものなので、他のことを考えたりしながら、ほとんど無意識でこの歯磨きができると思います。

　これが次ページ図の一番右、**「やっている」** の段階です。

　では、今度は反対の手で磨く仕草をしてみてください。

　どうでしょうか？　何か違和感があるのではないでしょうか？

　「ちゃんと歯の裏側を磨けているかな？」とか、「一番奥の歯には、毛先が届いているのかな？」とか、いろいろ考えながら磨いていたりするのではないかと思います。これは、図の中にある **「知っている」**から **「できる」** の間くらいの状態。しっかりと歯ブラシの動きを意識しながらやらないと、上手くいきません。まだまだ習熟からは程遠い状態だからです。

　しかし、これを何日も続けることによって、いつしか違和感も消え去り、やがて **「できる」** から **「やっている」** の状態になり、無意識でできるようになってきます。このほとんど無意識でできているレベルである **「やっている」** が、極みの状態に入ってくると、プロフェッショナルというレベルに到達します。

　かつて絶頂期にあったイチロー選手がいいバッターとはどんなバッターかを聞かれたとき、相手バッテリーの配球に対する読みが上手いことを1つの条件として挙げていました。そして、読みが当たっているときはいい打率が残せるが、当たらないときはスランプに陥るという問題点を指摘していました。

　そんな中、イチロー選手は、配球を読むというよりも、むしろ自然

体でバッターボックスに立って、来た球を無意識レベルで打ちにいけるところまで、バッティングの習熟度を高めていったといいます。確かに絶頂期のイチロー選手には、スランプというものがほとんどありませんでした。無意識レベルでプレイをしている割合が高いからです。

　このように、面白いもので、**習熟段階は、無意識レベル（知らない）から始まって、それが意識レベル（知っている、できる）に変わり、習熟が進んだ段階では、また無意識レベル（やっている）になっていくという流れがあります。**

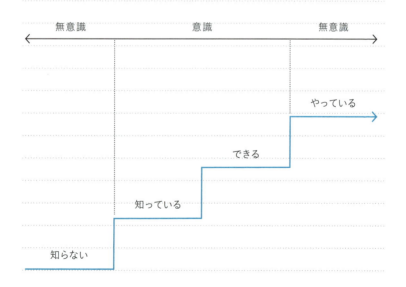

02 習慣化にも段階がある

✔ 知らない → 知ってる → できる → やってる

さて、この習熟段階を**習慣化の段階**と置き換えると、次のような感じになります。その第一の段階は、**「知らない」**という段階です。

この後の章でさまざまな習慣とその効果をお伝えしていきますが、この時点では、まだ読んでいないので、その習慣に関してあなたは、知らない状態で、かつ「無意識」です。

この次の段階が**「知っている」**という段階です。

第6章を読んで、あなたはそれらの習慣と、その効果を「知っている」という段階になります。この時点では、それを既に知っているので、そのことに対して意識が向いています。意識はしているのですが、習慣化はしておらず、それに対してまだ不慣れな状態です。

世の中の勉強や読書は、この**「知っている」**の段階に留まることが多いのが実際です。習慣化についても、学んだはいいが、読んだはいいが、知識レベルで留まるだけでは、ちょっともったいない。この先の「実践」に移行することが、その知識を実のなるものにしていきます。

そして、次の段階は**「できる」**という段階です。

習慣化するために、日々そのことを繰り返し始めている段階です。

これは、実践に一歩踏み出している段階。何回かやっているので、それができるようになっている反面、まだ**意識してこなしている段階**です。そして、継続する意志の力が必要な段階で、言わば、定着の最中です。

　この段階が大変だと、多くの人が続かなくなってしまいます。本書では、この段階で多くの意志の力を必要としない方法、つまり、簡単に定着させていく方法をお伝えしていきます。

　最後が、**「やっている」** という段階。
　繰り返しの日々が、何十日も何百日も過ぎ、やっているのが当たり前になっている段階です。ここまで来たら、もう意識してやっているというよりは、無意識に近い状態でやっている感じになっています。習慣化できている状態と言ってもいいでしょう。**習慣化とは、意志の力をほとんど働かせる必要なくやっている状態なのです。** だから、こまで来ると、日々自動的に習慣行動が行われていきます。

　この「やっている」という段階は、「知っている」という段階とは雲泥の差があります。 本書では、みなさんが **「知っている」** という段階に留まることなく、**「やっている」** に到達するために、どう考えたらいいか、そしてどう実践したらいいかに焦点を置き、全体を構成しています。ぜひ、実践に向かう準備をしながら、読み進めてください。

違和感を変化の兆しと前向きに捉える

　また、先ほどの例にあるように、習慣化に向かう段階の中で、特に「知っている」から「できる」という段階で起こってくるのが違和感。慣れていないものをやろうとするから、この違和感が起こるのです。

　この違和感あることは、不慣れな感じであまり心地良くない段階なのかも知れません。一方、**違和感があるということは、新しいことに取り組んでいる証**。そして、取り組んでいる習慣化において、この違和感がなくなってくることが、慣れが進んできたことを表すバロメーターでもあります。

　習慣化への取り組みを始め、違和感のある１日というのは、それだけチャレンジをしている証拠であるとも言えます。これはむしろ歓迎すべきことです。
　違和感というと、ネガティブなワードととらえがちですが、それは**チャレンジの証であり、変化の前兆**でもあるのです。

03 不必要な習慣をやめる

✓ 習慣の断捨離

　本書において、良い習慣をつくると同時におすすめするのが**「不必要な習慣をやめる」**ことです。

　これは必要なことだけに集中するということでもあります。言わば、習慣の断捨離。いらない習慣を断ち切ることによって、それによるマイナスの影響をなくすだけでなく、時間や労力やお金の余裕が生まれます。

　Mさんの例で言うと、喫煙の習慣などもそれでした。あなたにとってスイッチとなる習慣を見つけ（Mさんの場合は早起き）、それを実践していくと、「本当は不必要な習慣」がなくなっていくことを実感するでしょう。あらかじめ、このような習慣をリストアップしておいて、どうなるかを観察することによって、順調な連鎖反応が起こっていることを確認することができます。

　断捨離の例えとして、家の中のことで見ていきましょう。

　まったく使っていない大きな健康器具が、家の中に陣取っているとします。これによって、圧迫感があったり、手狭感があったりするだけでなく、「いつも買っただけで使わずじまい」という自己否定感が、この健康器具と感情的に結びついていたりします。そして、これが視界に入る度に何とも言えないダメな気分になるのです。

それでも、「でもせっかく買ったのだから捨てるのはもったいない」という思いのもと、その健康器具はいつまでも家庭の大事な場所に鎮座し続けます。

ここで、これを思い切って断捨離するとどうでしょうか？

マイナスのイメージと結びついたものの存在がなくなり、家の中にはスペースが生まれます。**不必要なものがなくなったことにより、大事なものが入ってくることができる余裕ができるのです。**あえて何も置かないという選択もできますし、代わりに素敵なインテリアを置いて、部屋の雰囲気を一新するという選択もあります。

このように断捨離することによって、新たな展開が生まれます。習慣も同じです。不必要な習慣を手放すことによって、心のスペースができ、新たな習慣を始める余裕が生まれます。

「戦略」という言葉があります。戦略にはいろいろな定義がありますが、単純に言うと、「何をやって何をやらないかを決めること」。これは、自分にとって何が大事で、何が大事ではないかがわかっていること、つまり、**自分の軸が定まっている**ということです。

このように、断捨離をすることはまさに戦略。良い習慣をつくっていくと同時に、不必要な習慣をやめていくというのは、自分の軸に沿った非常に戦略的な生き方と言えます。こんな生き方をするためにも、習慣化というものがしっかりとパワーを発揮します。

Check Lists

- [ ] 習慣化には、無意識⇒意識⇒無意識という段階がある

- [ ] 「できる」という段階で、意志の力をあまり使わなくていい方法を取ると、習慣は定着しやすい

- [ ] 「知っている」と「やっている」は、雲泥の差がある

- [ ] 習慣化されると、ほとんど無意識に日々の行動ができるようになる

- [ ] 違和感を歓迎する。違和感はチャレンジしている証拠

- [ ] 違和感がなくなったら、習慣化はかなり進んでいるとみていい

- [ ] 断捨離することで、自分の軸が定まっていく

Chapter 2

潜在意識を
味方につける

01 人は潜在意識に支配されている

✓「わかっちゃいるけどやめられない」

　ネットサーフィンが止まらない習慣や、いつも約束に5分遅刻してしまう習慣などは、まさにこんな感覚なのではないでしょうか？

　これこそが、何とか断捨離したい習慣です。みんな頭ではわかっているはずです。でも、やめられない。ダイエットのために、大好きなチョコレートを我慢した方がいいのはわかっている。でもやめられない。

　なぜでしょう？

　それは、**「人間の日々の行動のほとんどは、潜在意識に支配されている」**からです。

潜在意識が、「わかっちゃいるけどやめられない」行動へ導く

潜在意識にプログラムされたことが、知らぬ間にあなたに働きかけ、知らぬ間にあなたは行動してしまうのです。潜在意識にはとてつもないパワーがあります。だから、いくら頑張っても、このオートマチックでパワフルな力にあなたの意志の力は抵抗し切れず、虚しく敗北を喫し、チョコレートやネットサーフィンに手を付けるのです。

　人は、自分の思考や意識で行動していると思っています。そして、自分のやっていることを自分で選んでいる、決断していると信じ込んでいます。しかし、そのほとんどは、潜在意識の中にあるプログラムによってオートマチックに動かされているのです。

　では、この潜在意識の中にあるプログラムとは、一体何でしょうか？
　プログラムと聞くと、コンピューターのプログラムを連想する方が多いのではないかと思います。結論から言うと、基本は同じです。
　コンピューターのプログラムでは、ある入力をすると決まった出力があります。潜在意識のプログラムも、ある五感情報（視覚情報、聴覚情報、身体感覚情報）を受ける（＝入力する）と、いつも決まった反応をする（＝出力する）ということです。もっと言えば、人それぞれのプログラムの違いによって、同じ五感情報を受けても、反応が違ってくるということです。

　あがり症というプログラムを持っていれば、プレゼンテーションの場で、ガチガチになったり、唇が震えたりします。一方、同じ状況でも、このプログラムを持っていなければ、平気で活き活きとプレゼンテーションできます。
　ネットサーフィンをだらだらとするのは、そのプログラムを潜在意

識に持っているからです。

　潜在意識は大きな影響力を持っているので、帰宅後の落ち着いた時間という状態になると（＝入力）、プログラムが自動的に作動して、だらだらとネットサーフィンをする（＝出力）という状態になるのです。

　逆に言えば、「この時間に読書などで仕事力をアップさせる」というプログラムを潜在意識にしっかりとインプットすれば、強い意志を発動する必要もなく、オートマチックにいつも机に向かうことができます。

　これが習慣化のパワーです。
　このように、**潜在意識に染み付いたプログラムが、あなたの人生を決めている**と言っても過言ではありません。この潜在意識の特性を理解し、その中にあるプログラムをコントロールすることで、潜在意識を味方に付けることができるようになるのです。

02 そもそも潜在意識とは

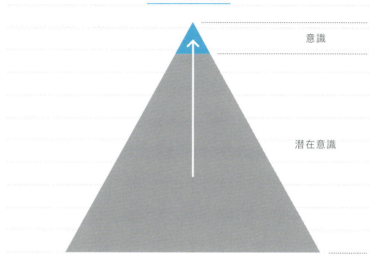

では、そもそも「潜在意識」とは何でしょうか？

意識全体を上図のように氷山で表すと、水面に表れている部分が、私たちが意識できている部分で、これを「顕在意識」(conscious mind) と呼びます。意識できているので、自分の中で明解で、理性的な部分と言えます。顕在意識の機能は、主に左脳に位置していると言われます。

そして、水面下にある部分、つまり意識できていない部分が「潜在意識」(subconscious mind) です。潜在意識とは、まさに心の奥底に潜

んだ本能的な意識。自覚されることはありませんが、あなたの考え方や行動に大きな影響を与える部分です。

この潜在意識は、フロイトが提唱した精神分析学や、ユングが提唱した分析心理学などで用いられ始め、世に知られるようになりました。それがさらに広く世間に認知されたのは、マーフィーの法則で有名な、ジョセフ・マーフィー博士の功績が大きいでしょう。その代表的な著書『眠りながら成功する』は、この潜在意識を活用するバイブル的な一冊と言えます。

そして、お伝えしているように、潜在意識には、顕在意識による意志のパワーを凌駕するパワーがあり、「わかっちゃいるけどやめられない」のようなことが起こるのです。一説によると、**そのパワーは顕在意識の 20,000 倍以上とも言われます。**

ここまでを読んで、「もし、顕在意識による意志が潜在意識に敵わないならば、日々の行動は潜在意識によってオートマチックに動かされるままになってしまうではないか！」と思われる方もいらっしゃると思います。その通りです。ただし、今までは。

本書では、意識の力で、潜在意識を有効に設計し、活用していく方法をお話しします。それは、潜在意識にオートマチックに動かされる人生から、意識で徐々に潜在意識をコントロールし、活用する、言わば、**"潜在意識を味方に付ける人生"** に変えていくことです。

潜在意識の中にあるプログラムに動かされるのではなく、自分自身で意図的に設計図をつくり、書き換える。そして、潜在意識の絶大なる力を使って人生を切り開いていくことが、あなたにもできるのです。

Column 1

五郎丸選手のルーティンの効果

2015 年ラグビーワールドカップで大活躍をした、日本代表の五郎丸歩選手。五郎丸選手がキックの前にする、両手の人差し指を突き出す独特なポーズが、日本中で話題になりました。これは、「ルーティン」という意識的につくった習慣です。

五郎丸選手が、キックの前に行うこのルーティンは、キックの精度を高めるために行われています。これは、五郎丸選手がキック前にしていた動きのクセを基に、彼をサポートするメンタルコーチと一緒につくったものです。

このルーティンは、例のポーズだけではなく、ボールを置いてから何歩下がるかとか、どの時点でゴールを見るかとか、こと細かく手順が決まっています。さらには、五郎丸選手特有のクセを基につくられているので、あの指を突き上げるポーズだけ真似をしても、他の人には何の効果もありません（笑）。

ルーティンには、心を落ち着かせ、集中力を高める効果があると言われていますが、実は本質はそこではありません。ルーティンという一定のことをすることによって、潜在意識が、キック時における最高の身体の動きを毎回再現してくれるのです。つまり、五郎丸選手の最高の身体の動きを再現するためのプログラムを潜在意識の中につくり、それを利用しているのです。このルーティンにより、五郎丸選手のキックの精度は抜群に高い。ラグビージャパンチームの活躍は、実は潜在意識を味方に付けることを実践した結果でもあるのです。

03 潜在意識の書き換え方とは

　潜在意識にあるプログラムを意図的に書き換えるには、大きく分けて2つの方法があります。

✓ 心理学的手法を用い、短い時間でプログラムを書き換える

　潜在意識の中のプログラムは、トラウマ体験のような強烈な体験により、一瞬にして潜在意識の中につくられます。犬に噛まれたことによる犬恐怖症や、一目惚れなどもこのような強烈な体験の1つです。

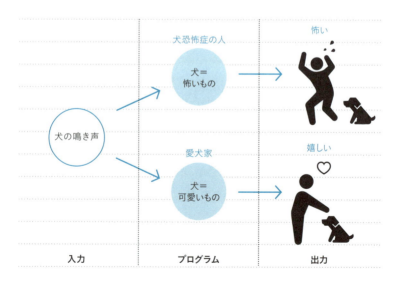

犬恐怖症を例に取ると、犬に噛まれるという恐怖体験により、「犬＝怖いもの」というプログラムが潜在意識の中で一瞬にしてつくられます。

　このことにより、犬恐怖症の人が犬についての五感情報、つまり、犬が視界に入る、犬の鳴き声を聞く、犬のニオイを嗅ぐ、犬に触れる、などのことに接すると（＝入力）、この犬恐怖症というプログラムが機能して、怖がる、震えるなどの決まった反応（＝出力）が起こるのです。

　五感情報の入力　⇒　プログラム作動　⇒　反応の出力
　という流れです。

　同じような入力があっても、このプログラムを持たない人には、これらの恐怖反応（＝出力）は起きません。例えば、愛犬家の人などの場合では、気持ちが温かくなる、思わず微笑んでしまうなどのまったく違った反応（＝出力）が起こってくるでしょう。察しがついている方もいると思いますが、喜怒哀楽などの人間の感情の出方なども、潜在意識の中にあるプログラムによって異なってくるのです。

**　潜在意識の中にあるプログラムは、一瞬でつくられることがあるのですから、一瞬で書き換えることも可能です。**
　信じられないかも知れないですが、可能です。

　メンタルコーチというのは、その書き換えを行うことも仕事です。手法はさまざまですが、私の場合は、NLP（Neuro-Linguistic Programming：神経言語プログラミング）を応用した手法で、恐怖症治療や、クライアントが持ち続けたくない思い込みを書き換えるよう

なこともします。

（NLP は、欧米では「脳の取扱説明書」として、広く応用されています。）

　子どもの頃、親から言われた強烈な一言で、「親であろうと、人間は信じられない」という思い込み（プログラム）を長年持ち続けた私のクライアントがいました。この思い込みを持ち続けたことによって、この方には親友もできず、職場の人たちとの信頼関係を築き上げることもできませんでした。

　NLP を応用したメンタルコーチングの 90 分ほどのセッションをさせていただいたところ、この思い込みは「人と人は深いところでつながっている」というポジティブな強い思いに変わりました。潜在意識の中のプログラムが書き換わったのです。

　これにより、この方の両親との関係、そしてまわりの人たちとの関係は劇的に良くなり、人生の展開が大きく変わっていきました。思い込みという潜在意識の中のプログラムが、ポジティブに書き換わることによって、同じような入力が行われても、反応がまったく変わってくるからです。

　こちらはどちらかというと、手術のような西洋医学的手法。メンタルコーチをはじめとする心理療法家の手を借りて行う手法です。私は、クライアントの人生の局面で、この手術が必要な場合が出てきたら、クライアントとの話し合いの末、メンタルコーチとしてこの方法を取ることにしています。

長い時間をかけてプログラムを書き換える

　潜在意識の中のプログラムには、日々粛々と繰り返されることで、長い時間をかけて潜在意識の中につくられるものもあります。

　先ほどご紹介した手法が西洋医学的手法なら、こちらはどちらかというと東洋医学的手法。ゆっくりと時間をかけて、潜在意識の中にあるプログラムを最適な方向に書き換えていく手法です。

　漢方薬による体質改善のように、ゆっくりと確実に、**あなたがより力を発揮できる、人生の土台をつくっていく方法。**この土台を自分自身でつくっていくという日々の行動が、とても貴重な行動であり、それがあなたの成長にもつながっていくのです。これは、まさに習慣化の手法。**習慣化とは、潜在意識の体質改善でもあるのです。**

 ## 潜在意識にとって、最も大切なものは？

　潜在意識には、もう1つ大きな特徴があります。

　それは、**「安心安全第一で動く」**ということです。

　潜在意識にとって一番大事なことは、「安心安全」。犬恐怖症の人は、この安心安全が、ある犬によって脅かされた経験から、潜在意識が、すべての犬に対しての強固な防御プログラムを創り出している状態にあります。

　潜在意識のこの安心安全に対しての欲求は、とても大きいので、その噛まれた犬以外のすべての犬に対しても、その防御プログラムを張り巡らします。このため、噛まれたのが大きな獰猛な犬であっても、小さなおとなしい犬に対してもこのプログラムは作動します。つまり、過剰防衛になっているのです。（実は、アレルギーもこれと同じ構造です。）

このように、潜在意識がその絶大なるパワーをブレーキとして発揮する根本的な動機は、すべてこの安心安全欲求から来ています。**安心安全のために、潜在意識は基本、現状維持を続けるために働きます。**常に現状維持をしたい潜在意識にとって、現状を変えようとすることは、何らかの危険をはらんでいるため、潜在意識がこれに抵抗します。そして、安心安全欲求が脅かされていると判断すると、この変化を起こさないように、その絶大なるブレーキパワーを使い始めるのです。（人がなかなか変わることができないという根本的な原因は、実はここにあります。）

　だから、いろいろなことを急に変えようとすると、潜在意識の強烈な抵抗に遭うのです。例えば、他人からのアドバイスを実行することを、頭では正しいことわかっていても、なかなか実行できないのは、この潜在意識の抵抗に遭っているのです。

　このように、潜在意識はかなり保守的。だから、潜在意識のプログラムを変えようとする時、この潜在意識の安心安全欲求を満たしながら、安心させながら変えていくことがとても大切です。このポイントを外して、意識の力で頑張ってやろうとしても、潜在意識の現状維持欲求にはかないません。そう言った意味でも、習慣化のように徐々に変化させていく手法は、潜在意識の活用として、とても理にかなっていると言えます。

　習慣化を成功させるためには、この潜在意識の安全安心欲求をしっかり満たしながら進めることが肝心なのです。

04 潜在意識による
自動操作モード

　習慣化の初期段階においては、違和感もあり、毎日続けることに努力が必要です。しかし、習慣化が進むと、その違和感も消えていき、あまり努力しなくても続けられるようになってきます。そしてやがて、意識をせずとも毎日続けている状態になります。ここまで来たら、逆にやらないことに違和感を覚えるまでになっていきます。

　例えば、毎朝のジョギングの習慣なら、最初は、毎日決めた距離を走ることに、必要な意志の力を働かせることになります。雨の日は止めてしまおうかなとも思ったりします。走っている体の感覚や、まわりの風景に違和感を覚えることもあるかも知れません。ここであまり高すぎる毎日の目標を作ると、相当な意識と意志の力を要したり、潜在意識の抵抗に遭ったりして、長続きしません。

　一方、細々とでも続けていくと、やがて当たり前の感覚で走っている自分に気付くことでしょう。ここまで来たら、潜在意識のプログラムが上手く書き換わっており、既に自動操作モードに入っています。走らない日は、むしろ気分や体調に違和感を持つようになってきたりもします。**自動操作モードに入っているので、もう意識や意志の力をあまり使う必要はありません。**

　「今日は走ろうかな？やめとこうかな？いや、頑張ろう！」というような自分自身との会話をする必要もなくなってきます。毎朝走り続

けることに、**潜在意識が現状維持の力を与えてくれている状態**です。

例えば、こんなプログラムが出来上がっている感じです。

朝起きて、ジョギングシューズを履く（＝入力）　⇒　潜在意識の
プログラムが発動する　⇒　自動操作モードにより、軽い感じで足が
動き出す（＝出力）

このように自動操作モードにまで持っていけたら、習慣の行動をすることに何の労力もなくなります。**習慣化とは、意志の力を使う要素を少なくし、自動化するということでもあります。**

潜在意識によって、日々の重要な行動（良い習慣）が自動化されているので、無意識のうちに、どんどん人生が良い方向に進んでいきます。さらには、**ここに意志の力と労力を使うことがほとんどないので、他のことをやることに対しての余裕ができます。**ここにも習慣化の大きなメリットがあります。

Column 2

ネイマールは、脳をほとんど使わない

　自動操作モードということに似たことで、面白いお話をします。

　サッカーのブラジル代表フォワードにネイマールという選手がいます。独立行政法人・情報通信研究機構のチームの研究によると、ネイマール選手がドリブルなどで足を動かす際、脳の活動範囲がアマチュア選手の1割以下であるということがわかりました。

　MRI（磁気共鳴画像化装置）の中で、ネイマール選手に横たわってもらい、指示に従って、足首を回すなどの動作をしてもらった時の、大脳の運動野を調べました。

　結果、同じ動きをした際のネイマール選手の大脳の運動野は、アマチュアのサッカー選手の7％、スペイン2部リーグのプロ選手の11％から44％だったそうです。つまり、ネイマール選手の場合、アマチュア選手の10分の1以下、2部のプロ選手の半分以下の脳を動かすだけで、同じような動きが出来るということです。

　ネイマール選手は、意識的というよりは、ほぼ感覚的に（無意識的に）ドリブルをしている感じなのだろうと思います。これは、サッカーというものに対して、ネイマール選手が世界最高峰の習熟度の高さを示しているということです。この章の最初にお伝えした「無意識でやっている」という段階が、究極的に進んだ一例でしょう。

　ここでのポイントは「脳をほとんど使わない」という点です。ドリブル自体に意識がほとんど行っていないので、脳は他の多くの情報を

同時に処理する余裕があります。敵のディフェンダーたちがどこにいるのか？ ゴールキーパーはどんな動きをしているのか？ 一緒に攻める味方はどの位置にいて、どう動こうとしているのか？ 芝生の感じや風の流れ、ピッチ全体の雰囲気、そして、自分自身の体調や調子の良さなど、さまざまな情報を動きながら一斉に処理し判断する余裕が、他の選手より圧倒的にあるのです。

　一対一の攻防になった時にも、相手ディフェンダーの能力や、過去の対戦経験での実際の動きなどの情報を、一瞬に処理をする余裕がネイマール選手の脳にはあるので、あの芸術的な突破や、味方への絶妙なパスを繰り出せるのでしょう。

　良い習慣をたくさん身に付けているというのは、これに近い感覚だと思います。習慣化された重要な行動が、あまり意識や意志を使わず、自動操作モードで実行されていくので、脳が他の情報を処理する余裕が出て来るのです。

　潜在意識を活用し、能力開発や健康の維持、メンタルの安定などが、自動操作モードで、言わば日々勝手に達成されていく、このメリットは計り知れないほど大きな財産になっていきます。

Check Lists

☐ 人間の日々の行動のほとんどは、潜在意識に支配されている

☐ 潜在意識のパワーは、顕在意識の20,000倍以上

☐ 習慣化とは、潜在意識の体質改善でもある

☐ 習慣化を成功させるためには、潜在意識の安全安心欲求をしっかり満たしながら進めることが肝心

☐ 習慣化とは、意志の力を使う要素を少なくし、潜在意識によって自動化するということでもある

☐ 習慣化ができると、習慣の行動を自動化できるので、他のことをやることに対しての余裕が出てくる

Chapter 3

頑張らなくて
いい理由

01 習慣化の賢い始め方とは

✔ 頑張ったり、無理をしすぎてはいけない

　一般に、習慣を身に付けようとするときに、その成功率があまり高くないのが現状です（だからこそ、本書を書いているのですが）。「今回は絶対禁煙する」と言って、しばらくすると、居酒屋でタバコを吸いながら、「そんなこと言ったっけ？」というような言動・行動を繰り返す人が何と多いことか。

　ダイエットすると言って、リバウンドなしに成功する人の何と少ないことか。

　仕事がかなりできる人でさえ、ちょっとした習慣をつくることに成功しない。

　実はこれは、習慣化にあたり、意志の力で頑張り過ぎたり、我慢をしたり、無理をしたりすることが原因になっているのです。

　ここで注目すべき事実は、**「意志の力は消耗する」**ということです。

　つまり、意志の力で何とかやり続けようとするには、限界があるということ。さらには、意志の力が消耗すると、パフォーマンスが下がっていくということです。

　フロリダ州立大学社会心理学部教授のロイ・バウマイスターが、ある実験によってこのことを明らかにしました。

　教授は、学生を２つのグループに分け、それぞれのグループの前

に焼きたてのチョコレートチップ入りのクッキーを置きました。1つのグループにはこのクッキーを食べることを許可し、もう1つのグループには、我慢することを強要しました。

そして、両方のグループに、難しいパズルを完成するよう要請しました。クッキーを食べることを我慢させられたグループは、我慢という意志の力を働かせる必要があったため、パズルを始めるときには、意志の力の消耗が行われており、パズルへの挑戦を投げ出した学生が多くいたそうです。一方、クッキーを食べたグループは、平均してより長時間パズルに取り組んだということです。

このように、意志の力は消耗していくため、習慣化を行う初期段階では、なるべく意志の力を多く使うような状態にしないことが肝心です。

そして、さらに大事なことは、**「まずは1つのことに集中する」**こと。つまり、一度にあれもこれも習慣化しようとしないこと。

あれもこれも複数同時に習慣化しようとすると、それだけ意志の力の消耗も激しくなります。ビジネスマンであれば、仕事ですでにかなりの意志の力を使っているので、複数の習慣をつくっていけるほど、その日の余力は残っていないのです。お話ししているように、まずは、1つのスイッチになる習慣を徹底的に習慣化することが、成功への最速の道への扉なのです。

習慣化しようとする項目の絞り込みを行い、それでも複数ある場合は、その優先順位を決めます。そして、最初に取り組む習慣を決め、それに取り掛かります。1つ目の習慣を3週間から3ヶ月続けたあたりで、どれだけ定着したかを確認します。

それが自分の日常でほぼオートマチックに行われるようになったと思ったら、もうそれは習慣化されたと見ていいでしょう。

　この時点では、その習慣行動を続けることに、意志の力をほとんど使わない状態なので、意志の力の消耗もほとんどありません。この状態になったら、次の習慣を始めることができるのです。そして、2つ目もオートマチックになったら、ちょっと休憩を挟みながら、3つ目に取り掛かるといった具合で進めていくのがおすすめです。

　2つ目の習慣を始める頃には、プロローグで述べた波及効果が起こっていて、好ましくない習慣がなくなっていることでしょう。そして、2つ目の習慣化の達成が、1つ目のときより遥かに容易にできることを実感するはずです。

　習慣化を1つずつ確実に成功していくことは、小さな成功体験を積み重ねるという意味でもとても重要です。**1つ1つの習慣をつくり上げていくと同時に、小さな成功体験によって、自己効力感や自己肯定感を上げていくという優れた戦略でもあるのです。**

02 三日坊主の人にある特徴

✔ 苦痛の感情をつくらない

習慣化を達成するためには、**頑張り過ぎない方がいいのです。**

世の中には、つい頑張り過ぎてしまう人がたくさんいます。「何事も達成するためには頑張らなくてはいけない」という考え方がとてもしっくりくる人です。

ついそう考えてしまうのも、実は、潜在意識の中にある価値観というプログラムのせいなのです。

一方、習慣化には、ちょっと力を抜いて、リラックスして臨むくらいが丁度いいのです。三日坊主の人は、最初の３日間無理して頑張り過ぎて、続けることが苦痛になってやめてしまうケースがほとんどです。

「頑張り過ぎない方がいい」というのには、理由があります。いい気分で頑張れるうちはいいのですが、何せ習慣化というのは毎日毎日粛々と続く活動、そんな日ばかりではありません。毎日やることが頑張るモードだと、やがてそれをやることが苦痛の感情と結び付いてきます。そうなると、毎日相当な意志の力を働かせて、頑張る必要が出て来てしまいます。先にも書きましたが、意志の力というのは消耗していきます。頑張って、苦痛の中で意志の力を使い過ぎると、継続することができなくなるのです。

そして、この苦痛の感情が、潜在意識の安全安心欲求を下手な具合に刺激し、潜在意識の持つ強烈なパワーによって、変化への抵抗となってくるのです。

習慣化において、この苦痛の感情をつくらないことが、潜在意識を上手くコントロールする秘訣なのです。

✓ 頑張るとどうなる？

例えば、あまり運動をやっていなかった人が、健康とダイエットのために、毎朝10キロのランニングを習慣化しようとしたとします。

1日目

初日なので、気合いが入っています。普段運動していない身にとっては、かなりキツくても何とか10キロを走り切ります。意志の力をフル稼働してやってのけます。

2日目

朝から全身の筋肉痛との闘いの中のランニングとなります。何度も立ち止まったり、水分を補給したりしながら、頑張って続けます。「始めたのだからやらなきゃ」と自分自身に何度も言い聞かせながら走ります。そして、何とか完走。心身ともにかなりヘトヘトです。

3日目

重い気分で朝がスタート。昨日感じた筋肉痛も増しています。ランニングシューズを履くことにすら、心理的な抵抗を感じるようになっています。「何で始めちゃったんだろう？」とため息をつきながら、

重い足取りで家を出ます。

走りながら見える風景さえ、この苦痛の感覚と結び付いている感じがしてきます。潜在意識の強烈な抵抗にあいながら、意志の力で頑張ります。体と気持ちが重いせいか、10キロが果てしない距離のように感じてきます。

でも、「何事も達成するためには頑張らなくてはいけない」と自分に言い聞かせて、頑張って走り続けます。自分の呼吸の音だけを感じながら、必死になって走る時間が続きます。意志の力は、もうあまり残っていません。

やがて、倒れ込むように帰宅。これから仕事に向かうパワーが、自分の中から出てくる自信もありません。

そして、4日目

目覚ましが鳴っているのに、布団の中に居続ける状態。ランニングの習慣化の努力は、虚しく3日で途切れました。

実は、これは10年以上も前の、私自身の失敗体験です。

頑張り続けないと達成できないような目標設定が、そこにありました。普段ろくに運動もしないような人間が、毎日10キロ走るというのは、あまり現実的ではありません。毎日相当頑張り続けなければいけない目標です。

今から思い返しても、無謀な計画でしたが、この背景にはそのときの自分が持っていた思い込みがあったのです。そう、「何事も達成するためには頑張らなくてはいけない」という思い込みが。この思い込みの背景があったので、「相当頑張ってやっと達成できるような目標設定でないと、効果や意味がない」という思い込みも同時に持っていました。だから、毎日1キロではなく、10キロという設定をしたわ

けです。

　ビジネスでの事業計画や、人生においての目標について、頑張らないと達成できないような目標を掲げるのは賛成です。

　一方、習慣化の計画でこれをやってしまうと、潜在意識の抵抗にあって長続きしない結果を迎えやすくなってしまいます。そして、失敗が度重なると、自己効力感と言われる「できる感」も、どんどん落ちていく結果になっていきます。

03 習慣化の初期段階で、最も重要なこととは

✔ 成果ではなく定着

　習慣を定着させるためには、まず3週間続けることです。

　そして、それが3ヶ月続けば、ほぼ習慣となります。

　習慣化の最初のフェイズで大事なことは、「成果を上げること」ではなく、「定着させること」です。

　これは本当に大事なことです。初期の目的を、定着させることに絞り込んで、成果を上げることにはまったく期待しない、というスタンスが正解です。

　例えばダイエットなら、最初の3週間をダイエットのための運動の習慣や、食事コントロールの習慣を定着させることに集中し、この段階では体重の増減に一喜一憂しないということです。

　だから、初期は無理な食事制限や過度な運動は控えることが大切になってきます。苦痛の感情を作ってはいけないのです。

　先ほどのランニングの例で言えば、毎日10キロではなく、毎日1キロでも、300メートルでもいいのです。少し物足りない感じで、「もうちょっと走りたい」くらいの方が、むしろいいです。

　これを3週間続ければ、毎朝走ることが「当たり前」になってきます。「もうちょっと走りたい」くらいの感覚で続けていると、走ることが**"快の感情"**と結び付いてきます。先ほどの毎日10キロのケ

ースとは、正反対の感情が生まれてきます。そして、それに合わせ、自分のペースで2キロ、3キロと距離を増やしていけばいいのです。

これが、潜在意識を上手くコントロールしながら、プログラムを書き換えていく最良の方法です。

　スポーツクラブに通うにしても、最初からビシバシのハードメニューをやれる人はいいですが、それを無理にやる必要はありません。むしろ、やらないでください。極端な話、お風呂が大好きな人なら、最初のうちは、マシンなどを一切使わず、お風呂だけ入りに行くのでもOKです。大きな減量効果は表れませんが、大好きなお風呂に入っている時間の至福感と、そのスポーツクラブ自体のイメージが結び付いてきます。そして、数回が過ぎると、そのスポーツクラブの施設、レセプションの雰囲気、ロッカールームの感じ、マシンが置いてあるスペース、そしてサウナの場所などと、その快の感情が強く結び付いていることに気が付きます。

　これが、**潜在意識が安心している状態**です。

　好きなことだけやりに行くのだから、自然にそうなります。この間は、決して体重減などの成果を求めてはいけません。そして、実際に「通っている」という事実の積み重ねが、あまり思考や判断を介せず、スポーツクラブに向かうという習慣を定着させていくのです。

　この快の感情と通う感覚の定着が進むことで、初期の目的は達成です。 あとは少しずつ、自分に合った運動量に増やしていけば、習慣化はほぼ完成。

　やがて、気が付いたら、絞り込まれた肉体が、そのスポーツクラブの鏡に映っているという現実が訪れます。

04 成功する条件とは

　成長曲線というものをご存知の方も多いと思います。仕事でも習い事でも、それに費やした時間と、実際に表れてくる成果とは、ある関連性があるという話です。

　下図に示したものが、成長曲線。ここからは、習慣化をこの成長曲線を例にしてお話しします。

　例えば、新しいビジネスを始めるとします。最初は、知識も経験も少ないので、要領もわからず、半ば手探りで始めたりします。当然成果はなかなか出ません。それでも続けていると、徐々に成果は出るも

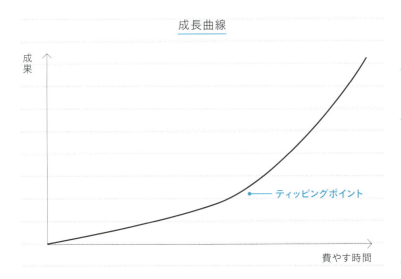

成長曲線

のの、満足のいくレベルまでには程遠い現実が続きます。初期においては、費やす時間や労力と出て来る成果が正比例しにくいのです。多くの人は、このあたりで辞めてしまいます。

✔ ティッピングポイントを超える

そんな中、何％かの割合で続ける人は出てきます。続けていくと、まわりに高い成果を出す人が何人も出現してきます。そして、自分が出している成果とのギャップに焦りを感じます。こんなことが続くと、また何％かが脱落します。それでも続けている人は、かなりの経験と知識を積んできています。

やがて、あるポイントが訪れます。それが、図にもある「ティッピングポイント」と言われるもの。そのポイントを超えると、急激に成果が出始めます。正比例以上のベクトルを持って、費やす時間に対して成果が急上昇します。芸能人やスポーツ選手が、「ブレイクする」というのもこのポイントです。その後は、2次曲線を辿るように、さらにさらに急上昇していきます。これが「成長曲線」というものです。

世の中の成功者というのは、このティッピングポイントを超えるまでやり続けた人とも言えます。

習慣化のプロセスもこれに類似しています。最初は成果が出ているかすら判らない。それでも続けていくことによって、定着化が進む。やがて、ハッキリとした成果が出てくる。そして、このときにはすでにオートマチックにその習慣を日々行っているので、さらに成果は上がっていく。

このように、習慣化でも、成果が表面化する前に、途中で止めてしまう率を下げていくことが重要です。一時期頑張るのだけど、日々粛々とやることができない。これが多くの人が踏んでいるパターンです。

だから、頑張らない、無理しない、それでいて日々粛々とやることはやる、これが大事なのです。

あらためて、ここでのいいニュースは、頑張る必要がないということです。そして、その代わり四の五の考えず、やることをやり続ける、このスタンスが習慣化の成功につながります。ライバルは他の誰でもありません。昨日の自分自身です。少しずつ、毎日歩みを進め、昨日の自分をちょっとでも超えていく。この姿勢が大切なのです。

一般的には習慣化への取り組みは、なかなか成功に至ることがありません。そんな中、これまでお話ししたことを知ったからには、もう安心してください。潜在意識を安心させながら、意志の力の消費を抑え、頑張らないで、粛々と続けていくのです。

Check Lists

- [ ] まずは一つのことを習慣化することに集中する

- [ ] 習慣化において、苦痛の感情をつくらないことが、潜在意識を安心させ、上手くコントロールする秘訣

- [ ] 習慣化の最初で大事なことは、性急に成果を求めず、定着させること

- [ ] 頑張り過ぎない、無理しない

- [ ] 習慣化したい行動と、快の感情を結び付ける

- [ ] ティッピングポイントを越えるまでやり続けると、習慣化の成果が急激に表れてくる

Chapter 4

習慣は
才能を超える

01 成功と習慣の関係とは

✔ 成功は良い習慣をしっかり身に付けることにつきる

ビジネスや人生で成功をするためには、特別な気質や能力が必要と考える方は多いと思います。

著名な経営学者のピーター・ドラッカーは言いました。

「成果をあげるには、性格、強み、弱み、価値観、信条はいかようであってもよい。なされるべきことをなすだけでよい。成果をあげることは、習慣である。したがって、他の習慣と同じように身につけることのできるものである。そして身につけなければならないものである。」（『経営者の条件』より）

ドラッカーによると、成果を上げるためには、天賦の才能を持つことではなく、**1つ1つの良い習慣をしっかり身に付けることに尽きる**と言います。氏の膨大な研究と、その類まれなる慧眼を背景にしたこの言葉は、私たちにうれしい説得力を持って響いてきます。

では、良い習慣とはいったいどんな習慣でしょうか？

例えば、プロローグでのMさんの例にあった早起き。「早起きは成功の秘訣」 これは多くの成功者がその実体験を基に語る言葉です。

人の脳は起床後2時間半〜4時間で一番活性化します。Apple の CEO ティム・クックやスターバックスの CEO ハワード・シュルツ、そしてディズニーの CEO ロバート・アイガーらは午前4時半に起床します。

　起床後、仕事や個人の趣味などに有意義な時間を使い、まだほとんど誰も出社していない7時頃には、既に会社で仕事を開始しているそうです。

　そして、例えばイメージング。あのアインシュタインは、さまざまなことをイメージからスタートさせたと言います。1つの研究に取り組むときも、まず、その小さな成功のイメージを五感レベルでありありと浮かべ、そのイメージに沿って、やがて実現していったと言われています。

　成功をしている人たちには、成功している理由があります。そんな中、良い習慣を持ち、それらを日々粛々と続け、良い生活のリズムをとっていくことは、どうやら大きな意味があり、成功の理由の中でもかなり重要な部分であることがわかってきました。

✔ 小さな習慣の違いが大きな差を生む

　習慣には繰り返しのパワーがあります。

　もともと汚れた水が入っていたバケツでも、そこにゆっくりと1滴ずつ綺麗な水が注がれていくだけで、やがてバケツには綺麗な水が満たされます。同様に、良い習慣が習慣化されることによって、ゆっくりとゆっくりと浸みこむように、本質的な変容が起こってくるのです。大事なことは、注ぎたい水がどんな水で、注ぎたくない水がどん

な水であるかということ。

さてここで、あなたが行っている習慣を思い出してみてください。

早朝出社　or　ギリギリ出社
腹八分目　or　ドカ食い
階段を歩く　or　エスカレーターを使う
感謝の言葉　or　文句 / 愚痴
笑顔　or　仏頂面

どちらをやっているかは別として、どちらの方が良いかは明白ですよね。どちらの方が良いかは頭ではわかってはいるけど、ついつい無意識のうちに注ぎたくはないはずの水を自分の毎日に注いでしまっていることもある。これもまた習慣なのです。
それが繰り返されるから、粛々とダメージが積み重ねられ、トータルではかなり強烈な影響を受けていくのです。

では、逆にプラスのものを粛々と積み重ねることができたら、あなたの人生にどんなプラスのインパクトがあるでしょうか？

小さな習慣の違いが大きな差を生む。これ、本当に侮れません。

02 プロフェッショナルの習慣とは

✔ 無事これ名馬

　日本プロ野球史上最高の選手と言っても過言ではない男、それがイチローこと鈴木一朗選手。ご存知のように、イチロー選手は、特別に恵まれた体格を持った選手ではありません。屈強な体格を持つ選手が多く集まるMLBにおいては、むしろ最も小柄な部類に入るでしょう。プロ野球に入った時も、決して「10年に1人の逸材」的な言われ方、つまり「鳴物入」で入ったワケでもありません。1991年のドラフトでは、実にオリックスからの4位指名でした。

　そんなイチロー選手がいかにして、ここまでの選手に成り得たか？
　さまざまな要素がある中で、私が注目するのは、その習慣力。そのことを象徴するのが、彼のこの言葉です。

　「夢をつかむというのは一気にはできません。小さなことを積み重ねることで、いつの日か信じられないような力を出せるようになっていきます。」

　小学校の時代から、来る日も来る日もバッティングセンターに通い、小さなことを積み重ね続けたイチロー選手。
　彼はこうも言っています。

「高校時代、毎日10分だけ素振りをしました。1年365日、3年続けたそのことで、たった10分がすごい時間に感じ、誰よりも継続したことで強い気持ちが持てるようになりました。」

そして、彼が教えてくれるシンプルで、重い言葉がこれです。

「特別なことをするために、特別なことをするのではない。特別なことをするために、普段どおりの当たり前のことをする。」

当たり前のことを普段ごととしてしっかりと習慣化し、絶え間なく行う。彼の行動や発言の中に、習慣化に関する事項がいくつもあるのがわかります。

例えば、バッターボックスに立つ前には、同じストレッチや、バットを縦に振るような独特な素振りを必ず行います。テレビ中継やニュースなどで、イチロー選手の打席を何回も観てきましたが、これらのルーティンを欠かすようなケースを観たことがありません。

また、「無事これ名馬」と言いますが、イチロー選手ほど怪我をしない選手は珍しいと思います。実際に、彼が怪我で長期の離脱をした記録はありません。だからこそ、これだけの実績を残し続けており、選手としてのピークは既に過ぎたものの、40歳を越えてもメジャーリーガーとして活躍することができているのではないでしょうか。

これも有名な話ですが、イチロー選手は必ず8時間の睡眠を取るそうです。この習慣も、怪我をしない体の状態を保つことに貢献していると思います。

また、イチロー選手の体は凄く柔らかい。腕を体の後ろに廻したとき、信じられないような位置まで腕が移動したりします。本人によると、元々彼の体は柔らかい体質ではなかったそうです。実際に、オリックス入団当初は、むしろスポーツ選手としては、かなり固かったとのこと。そして、普段からの弛まぬストレッチの習慣によって、人並み外れた柔軟性を身に付けていったそうです。

　さらには、イチロー選手は極力階段を使わないそうです。階段とスロープのあるところでは、必ずスロープを使う。階段は、踏み外す可能性があり、それが足首の捻挫や、腕の骨折などにつながる危険性があるからです。このような細かなことを習慣として徹底することによって、「無事これ名馬」としての側面も持ち合せているのでしょう。

　語弊を恐れずに言えば、プロ野球界にもイチロー選手よりもバッティングのセンスある選手、アスリートとしての資質の高い選手はたくさんいるのではないかと思います。そんな中でも、日米双方において突出した実績を残してきた背景には、こうした徹底した習慣化の取り組みがあり、それらが怪我をせず、ロングランで優れた実績を残し続けるイチロー選手をつくり上げているのでしょう。

03 習慣化の 3 つの効果とは

さて、習慣化の効果には、大きく分けて 3 つあります。

❶ 成果を出す効果

例えば、エレベーターやエスカレーターの代わりに階段を使う習慣を身に付けることより、体力のアップや、体脂肪率の減少が起こることや、データ整理の良い習慣を身に付けることで、仕事の効率が上がるというようなこと。また、上司や部下との良いコミュニケーション習慣を身に付けることで、仕事が円滑かつクリエイティブに進むというのも、成果に影響します。

良い習慣が、高い成果を安定して出し続けることに貢献してくれます。

❷ コンディションを整える効果

いくら力を持っている人でも、コンディションが整わなければ、高いパフォーマンスを発揮することはできません。力のあるアスリートが、大舞台で実力を発揮できなかったり、十分な学習環境がない中では、高い成績を残す子どもたちが少なかったりするのと同様です。

例えば、コンディションを整える食事の習慣があれば、長期に渡って安定した成果を発揮できます。これは、スポーツ選手などに限ったことではなく、現代を生きるビジネスマンとして心掛けたいことです。また、良い心の習慣や、ヨガや深呼吸の習慣などには、ストレス

や不安感を軽減する効果や、近年深刻化しているうつ病を予防する効果なども期待できます。

❸ 脳力を上げる効果

驚くべきことに、習慣によって脳の力が上がるのです。この効果について詳しくお伝えすることも、本書の画期的な特徴の1つです。

Chapter 6 で詳しくご紹介しますが、物事に挑戦することや、特定の運動などにより、脳内のニューロンが新しく強い形で結び付くことを促進し、脳の力が上がると言われています。これが脳力を上げる効果です。これが進むと、脳の重さが実際に重くなるというようなことも起こります。これは、知力（ＩＱ）だけに限らず、洞察力、判断力など、脳が関連するさまざまな力の向上を推進します。また、習慣化が定着していくにつれ、意志の力の向上も起こってきます。

これは、ビジネスマンをはじめとするさまざまな方々、そして、自分の脳力に限界を感じている方にとって福音とも言えるのではないでしょうか？

そう、**習慣は才能を超えるのです。**

Column3

何歳からでも脳力は伸びる

　スタンフォード大学心理学部教授キャロル・ドゥエックによると、人は「知能（脳力）は持って生まれたもので、努力では上げることができない」と信じる人と「努力すれば、知能（脳力）自体も伸びる」と信じる人の２つのタイプのマインドセットに分かれると言います。

　１つ目の限界マインドセットは、自分の中に変わることのできる可能性を感じられない心のクセ。これは言わば、こちこちに硬直した心。脳力は生まれつきのもので、努力しても伸びないと思っているので、「私の器はこの程度」とか「これが私の限界」などと思ったり、口にしたりしがちです。これを持つ人は、自己防衛型で、自分の限界を自分で決めている人とも言えます。

　２つ目のワクワクマインドセットは、自分の中に変わることのできる可能性を感じられる心のクセ。言わば、伸び伸びとしなやかな心。脳力は何歳からでも伸びると信じているので、「まだまだいける」とか「ワクワクする」というような言葉を多く発します。そして、挑戦は自分を成長させてくれる機会ととらえるので、自然に旺盛な挑戦者マインドを持つに至ります。

　ドゥエック教授と親交の深い、同志社女子大学の上田教授によれば、生まれたときは誰もがワクワクマインドセットを持ち、天然なワクワク状態だったと言います。また、上田教授の日本における研究によると、小学生まではほぼすべての人がワクワクマインドセットを持

っているとのこと。そして、これが転換するのが、中学1年生頃。ここを境に、限界マインドセットになる子どもが急増するそうです。

　限界マインドセットの傾向があり、現在に至っては「ワクワクすることなど滅多にない」と感じている人も、また場合によっては、この話を聞いてもまだ「脳力自体が伸びる」などとはにわかに信じられないと感じる人も、実は元々はワクワクの天才だったのです。それが、まわりの影響や親からの擦り込みで、知らず知らずのうちに心の柔軟さを失い、固定的な考え方や価値観を積み上げてきただけなのです。

　ここでしっかりと注目すべき点は、元々積み重ねにより転換したものだから、今日この日からの別の積み重ねにより再転換することもできるということです。

「限界マインドセット」と「ワクワクマインドセット」

限界マインドセット	ワクワクマインドセット
努力しても脳力は変わらない	努力すれば脳力は伸びる
よく見せたい 「できるだけよく見せたい」	よくなりたい 「難しいことに挑戦して成長したい」
失敗は過ち 「失敗すると取り返しがつかない」	失敗は自己投資 「気づきの多い失敗は自己投資」
自己防衛型 「ダメな人間だと思われたくないから、難しいことには挑戦したくない」	課題挑戦型 「難しい課題も、どうすれば解決できるか考えてみる」

※上田信行著『プレイフルシンキング』より引用

Check Lists

- ☐ 成功者は良い習慣を身に付けている

- ☐ 小さな習慣の違いが大きな差を生む

- ☐ 習慣化の効果には、
  - ・パフォーマンスを上げる効果
  - ・コンディションを整える効果
  - ・脳力を上げる効果
  の3つがある

Chapter 5

スイッチとなる習慣の見つけ方

本当の目的と
最高の目標

01 あなたが本当にしたいことは何か

　ここまで、Chapter 1-3で習慣化のポイントについて触れ、Chapter 4で習慣が持つ力を見てきました。Chapter 5では、習慣化を始める具体的なステップについて説明していきます。本書を読んだだけで終わりにしないよう、しっかりと段階を踏んで実行に移していきましょう。

　最初は、あなたにとってスイッチとなる、**最初に取り組むべき1つの習慣**を見つける方法をお話しします。

✔ 本当の目的を考えるとは

第1の質問はこれです。

そもそもあなたが本当にしたいことは何ですか？

　これは非常に大切な質問です。
　仕事の習慣や早起き、ダイエットなど、「何だか良さそうだから」と思って始めてみても、結局続かない。こんな経験はありませんか？
　それは当たり前です。あなた自身が腹落ちしている目的意識なしに習慣化に取り組んでも、あなたの心と身体の芯からの継続力が伴ってこないのです。そもそも、何のために習慣化をしたいのか？ **本当の目的を自分自身で確かめてみることによって、この芯からの継続力が**

生まれます。

　プロローグで、Mさんにとっての本当の目的は、「家族との充実した時間をしっかり味わう」でした。そして、その目的のために、最初に身に付ける習慣は、「毎朝5時30分に起きる」でした。では、あなたにとっての本当の目的は何か？

　この探索のやり方を今からお話しします。

　私が3ヶ月で10kgのダイエットをしたとき、最初の考えは、「体重が80kg近くになってしまったので、数kg減量する」というあいまいなものでした。そんな中、そもそもダイエットしようと思ったきっかけになったのが、人間ドックの脂質の判定でEがついたことだということを思い出しました。そして、本当にしたいことを、セルフコーチングをしながら、自分に何回も問いてみたところ、出てきた答えは……

「子どもたちのために、健康で充実した毎日を送るカッコいい父親になること」

　この“子どもたちのために”という真の目的に気付いたとき、心と身体の芯に、カチッとスイッチが入った感がありました。**スイッチが入ると、事は自然に、そしてスムーズに進むものです。**3ヶ月後には、別人のように引き締まった体の自分がいました。問題であったコレステロールなどの脂質の数値も良好になり、健康への不安もなくなっていました。

　さて、そもそもあなたが本当にしたいことは何ですか？

　今の時点で、この問いにハッキリと答えられなくても大丈夫です。安心してください。この後、これを明確にするためのステップを踏んでいきます。コツは、達成したら起こることをクリアにイメージする

ことです。

イメージするときは、できるだけ具体的に、そしてクリアにイメージすることが肝心です。

- これを達成したとき、どこにいるのか？
- 誰といるのか？
- どんなことをしているのか？
- その場で見えているものは何か？
- どんな音が聞こえているのか？
- それをしているとき、どんな気持ちか？
- そのときの体の感覚は？

このようにして、そのことがあたかも今、この瞬間起きていて、それを体験しているようにイメージするのです。イメージを具体的に、そしてクリアに行っていくと、あなたの潜在意識が動き出します。

イメージングによって、あなたの潜在意識にアクセスするのです。

02 本当の目的を確認する ためのステップ

　次のステップは、イメージングをしながら書き込んでいってもらう方法を取っています。もしかすると、ちょっと慣れない部分があるかもしれませんが、これは、あなたの頭の中を明確に見える化するとても大切なステップです。これにはまた、**「書くことで実現に近づく」**という潜在意識への働きかけ効果もあるので、ぜひイメージを高めながらやってみてください。

▶ Step 1
今後取り組んでみたいと感じている習慣を1つ挙げてください。

〔A〕

▶ Step 2
Aを習慣化したいのは、何のためですか？

〔B〕

　英語を上達したいとか、ダイエットしたいとか、良い習慣をつくりたいそもそもの目的があると思います。そして、その習慣が習慣化さ

れたとき、どんな良いことが起こっているか、イメージしてみてください。できるだけクリアに。

▶ **Step 3**

Bという目的が達成できたとしたら、さらに何をしたいですか？

(C)

この質問によって、やりたいことや、習慣化を通じて達成したいことがさらに見えてきたのではないかと思います。この見えてきたものを具体的に、クリアにイメージしてください。

▶ **Step 4**

そして、ステップ3でイメージしたものを基に、また自分に聞いてみます。

Cが達成できたら、さらに何をしたいですか？

(D)

見えてきたものを具体的にクリアにイメージしてください。

▶ **Step 5**

さらに、ステップ4でイメージしたものを基に、また自分に聞いてみます。

Dが達成できたら、さらに何をしたいですか？

(D)

　見えてきたものを具体的にクリアにイメージしてください。やりたいことのレベルがどんどん上がってきた感じなのではないでしょうか? このように、「さらに」を3回繰り返すと、直近レベルで達成したいことから、人生レベルで達成したいことぐらいまで、目的のレベルが上がっていくと思います。(もし、1, 2回繰り返して、本当の目的が実感できていたら、それでも構いません。3回繰り返すと、大抵の場合、本当の目的に辿り着くという目安です。)

　そして、あらためて自分に聞いてください

あなたが本当にしたいことは何ですか?

　この「本当にしたいこと」に到達することが、とても大切です。これさえできれば、あなたの潜在意識は、すでに習慣化に向けてロックオンしています。仮に、このステップを1通りやってみて、「本当にしたいこと」が明確に出て来なくても、何らかのヒントが出て来ます。最初に選ぶ習慣の設定を変えて、さらに何回もやるうちに、明確になってくるので、このステップをぜひ何度もやってみてください。これは、自分自身を見つめ直すとても良い機会にもなるのです。

03 最高の目標のつくり方とは

　さて、本当の目的が明確になったら次に、その「本当にしたいこと」の達成のため、大事だと思われる習慣をあらためてピックアップします。この後に続く Chapter 6 にある習慣を参考にしながら、やってみてください。元々想定していた習慣に加えて、さらに選びたい習慣が加わってくるかも知れません。複数出してみてください。

　習慣が出揃ったら、次は最初にやるべき習慣を決めることです。ピックアップしたリストに順位をつけながら、考えていきます。

　最初にやる習慣を１つだけ決めてください。**１つだけです。**

　同時にいくつもやりたくなる気持ちはわかりますが、これまでもお伝えしたように、まず１つだけに手を付けることが肝心なのです。

　何度もお話ししているように、習慣化の初期段階では、意識して取り組む必要があります。今、本書を読んでいるときは、選んだ習慣を習慣化することで意識がいっぱいでしょう。だから、その意識や行動の優先順位は、あなたの中の上位に来ているはずです。

　しかし、明日になり、仕事やプライベートのさまざまなことが意識の中に入ってくると、その優先順位に変動が起こります。そして、１週間後になり、１ヶ月後になっていくと、さらに変動が起こっていきます。そんな中で、いくつものことを習慣化していくのは難しいと思います。

だから、まず1つの習慣を普段からの意識の優先順位上位に残し続けながら、無意識で「やっている」段階まで持っていく。こうなってしまえば、あとはほとんど意識の力を使わずに続けられます。そして、1つの習慣が軌道に載るのです。

最初に取り組む習慣が1つ決まったら、次にそれを具体的な毎日の目標にします。この目標設定にもポイントがあります。

✔ 毎日続けられることを目標にする

目はいくら高いところを見ていても、足は地を踏むことしかできません。日々の単位のことで、ハードルの高い設定をしていては、続くものも続かなくなります。

三日坊主は、頑張ってやり過ぎる傾向があります。それまでろくに運動もしていなかったのに、「毎朝10キロぐらい走らなければ、運動をする効果が出ないだろう」などと勘違いして、ハードルの高い設定をしてみても、それは何日も続かず、習慣化には至りません。

「毎朝500メールのジョギングを行う」でもいいのです。日々の目標自体を高くせず、**続けることに重点を置くことが、「本当にやりたいこと」に到達するための最短ルートです。**

まず、続けられることを3週間続けてみるのです。やってみながら、ハードルの高さの微調整をするのはありです。むしろ、いろいろ調整しながらやってみてください。何日か続けてみて、「500メールじゃなくて、1キロはいけるな」と感じたら、途中で変更すればいいのです。

3週間続けると、日々やっていることとしての感覚が出てきます。

それが３ヶ月続けば、かなり軌道に載ってきたと言えるでしょう。

✔ 毎日できたかどうか明確にわかる目標にする

続けられそうな毎日の小さな目標を設定したら、それができたかどうか明確にわかる目標であるかどうかをチェックしてください。具体的にやることや、実行タイミング、回数などが入っていると、わかりやすいです。例えば…

食事をゆっくり食べる　⇒　夕食を30分以上かけて、ゆっくり食べる

部下の話をちゃんと聞く気持ちを持つ　⇒　部下が、報告や連絡や相談に来たときに、作業を一旦止め、話を聞く姿勢を取る

このように、具体的にやること、実行タイミング、回数などが設定されていると、それができたかどうかをチェックしやすくなります。

おすすめは、**1日の終わりに、メモ帳や日記帳に、どれくらいできたかを毎日書き残しておくことです。**

世の中で成功している人の中には、日記を付けている人が多いといいます。日々の行動を、1日の終わりに日記という形で振り返ることは、習慣化の促進をとても強く後押ししてくれるでしょう。

日記を付けてみて、いつも満点を取ることが重要ではありません。少しずつでもやっている自分に気付くことが重要なのです。

04 目標をポジティブな言葉にする意味とは

✓ 否定語や禁止語を極力使わない

　習慣化のため、毎日の目標設定をするということは、それと毎日向き合うということです。だから、やる気が削がれるような言葉が並んでいることは避けた方がいいです。

　目標を見直してみて、もし、そこにネガティブな言葉が並んでいたら、ぜひポジティブな言葉に変換することをおすすめします。その方が、やろうとする心が動き、毎日続けようとする気持ちを持続しやすくなります。

　先ほど、食事をゆっくり食べる　⇒　夕食を30分以上かけて、ゆっくり食べる

という書き換えをしました。

　では、この元の目標がこんな感じだったらどうでしょうか？

「急いで食べないようにする」

　毎日続ける気はどれくらい起こるでしょうか？

　今日、これを達成した自分をどれくらい讃える気持ちになるでしょうか？

　何だか味気ない気分になってしまいますよね。そして、誰かに禁止

されているような、指示を出されているような気分にもなると思います。

　目標設定におけるポイントの1つは、否定語や禁止語を極力使わないということです。

　そもそも食事を取るということは、豊かで素敵な時間です。ダイエットを行うにしても、「カロリー摂取は悪だ」的な見方で入ると、すべてにおいて、ネガティブモードの活動のイメージがつきまとうようになってしまいます。

　このようなイメージの中では、何だか暗い気持ちでことにあたらなければならず、続けたいという思う気持ちが育ちにくくなります。まずは、ネガティブな視点を持たず、否定語や禁止語を使わないようにすることが大切です。

　習慣化に取り組む時間を、豊かで素敵な時間にするには？ という見方で発想してみると、目標設定において選ぶ言葉も変わってきます。

　段階を踏んで見ていきましょう。
　まずは、否定語や禁止語を使わない言葉にします。

　急いで食べないようにする　⇒　食事をゆっくり食べる

　そうすると、このようなフラットな感じになります。
　これを先ほどやったように、さらに具体的にすると…

　食事をゆっくり食べる　⇒　夕食を30分以上かけて、ゆっくり食べる

今度は、これをさらに心が動きやすい、ポジティブで、価値観的な言葉を使った言葉に書き換えてみましょう。

　夕食を 30 分以上かけて、ゆっくり食べる　⇒　**夕食を 30 分以上かけて楽しみ、感謝の気持ちとともにゆっくりと味わって食べる**

　いかがでしょうか？
　文章がより生き生きしてきたと思います。こうなると、より豊かな生活をイメージでき、より実行したくなるモードになってきます。そして、1 日の終わりに、この目標ができたかどうか振り返るときに、できた自分を誇らしげに思い、豊かな気持ちで眠りにつけるのではないかと思います。

三日坊主に
ならないための
方策

Chapter 5 | スイッチとなる習慣の見つけ方

01 自分に合ったやり方の 見つけ方とは

✔ まずは自分を知る

　あなたが取り組むべき最初の習慣が見つかり、その習慣化の具体的目標が決まり、その文章があなたにとって生き生きしたものになったら、今度は「自分に合ったやり方を見つける」段階に入ります。

　これには、**「自分を知る」**ことが大事です。そのためには、自分のクセを観察したり、自分の行動パターンを観察したりすることが、肝心です。自分を観察しながら、最も快適に習慣化に取り組める環境をつくってあげること、それが習慣化の成功のために後押しになってくれます。

　例えば、ダイエットであれば、「運動で何割、食事コントロールで何割減らすか？」というような詳細を考えてみることです。運動があまり好きでない人が、運動8：食事コントロール2というバランスは、あまり現実的ではありません。食事コントロールの割合が多くを占める方が自然でしょう。

　運動をするにしても、スポーツクラブがいいのか？ 自宅がいいのか？　近所の公園がいいのか？

　ジョギングは、家のまわりのどのルートが最も快適にできそうか？

　走っていると気分が良くなる風景はどこにあるのか？

　など、自分が1番快適さを感じるやり方をいろいろ試しながら、見つけてみるというのは、習慣の定着の可能性をグッと上げます。

02 快の感情の結びつけ方とは

✔ 潜在意識レベルでの持続力をつくっていく

お伝えしているように、**習慣化の行動をしていることと、快の感情を直接結び付ける**ということも、ぜひ意識してみてください。この結び付けは、ちょっとしたことでも有効です。

例えば、あなたにとって、良い思い出と結び付いている曲はあるでしょうか？

青春時代の最高の思い出と結び付いた曲、スポーツの試合での勝利や成功体験と結び付いた曲、大好きな映画のクライマックスにかかっている曲、こんな曲を習慣化の行動をしているときに聴くのです。朝のジョギング中に聴いたり、ゆっくりと30分かけて夕食を楽しんでいるときに聴いたり、まさにその行動の最中に聴くことで、快の感情が高まっていきます。これを毎日繰り返すことで、あなたの潜在意識が、**習慣化の行動をしていること＝快**と認識し始めるのです。

こうなると、潜在意識が安心し、深い結び付きができてきます。そして、行動の持続のために、あなたの潜在意識が力を貸してくれるようになります。これは、とてもパワフルです。

また、そのお気に入りの曲を、**習慣化の行動をしているときだけ聴く**というルールをつくっておくと、さらに効果的でしょう。

もし、あなたが大のチョコレート好きなら、習慣化の行動をしてい

るときにだけ、チョコレートが食べられるルールをつくるのも有効です。もし、ジョギングを定着させたいなら、ご褒美としてジョギング後に食べるのではなく、「1番好きなチョコレートを3粒だけ、ジョギング中だけに食べられる」というようなルールをつくってみるのです。

　これを続けることによって、ジョギングと快の感情ががっちりと結び付きます。やがて、チョコレートを食べなくても、ジョギングをし始めると、口の中に甘い感覚を感じるくらいになります。こうなると、もうほとんどパブロフの犬状態で、習慣化が進みます。

　本書で一貫してお伝えしている習慣化の方法は、頑張らない、無理をしないということです。

　習慣化の1回1回の活動が、負荷がかかり過ぎるものであると、長続きしません。無理をして三日坊主になるよりも、頑張らなくてもできることを日々粛々と続けていく。**最初は成果が出ることを期待せず、定着に重きを置く姿勢が、習慣化の成功につながります。**

　例えば、運動の習慣のためにジムに行って、筋力トレーニングをやるにしても、始めのうちは、ちょっともの足りないくらいの負荷のかけ方で続けてみる。そして、ジョギングなどの有酸素運動をやるにしても、「もうちょっと走りたい」くらいでとどめておくことが、「もっとやりたい」という快の感情を掻き立て、潜在意識レベルでの持続力をつくっていくのです。

03 行動しやすいパターンの見つけ方とは

✓ 行動をルーティン化する

もう1つご紹介するのは、**「行動しやすいパターンを見つける」**というやり方です。

例えば、「その日あった良かったことを、毎晩寝る前に1行以上日記に記す」ということを習慣化しようとします。

寝る前でもいろいろなタイミングあります。お風呂から上がった後や、歯磨きをした後、まさに床につく直前など。

どの行動をする前や、どの行動をした後があなたにとって1番日記がつけやすいか、パターンを試してみるのです。

人によっては、歯磨きをしながら今日1日あったことを思い出して、歯磨き終了直後に日記をつけるのが、1番良いタイミングであると感じるかもしれません。また人によっては、明日着ていくものをベッドの横に揃えた直後のタイミングが最適かもしれません。

健康促進やダイエットのために、スポーツジムに通う場合でも、平日の夜がいいのか、土曜の朝がいいのか、日曜の夕方がいいのか、いろいろ試してみて、自分の気持ちが一番乗るパターンを見つけると、継続がしやすくなります。また、ジムでの運動も、走ってからウエイトをやるのか、ウエイトをやってから走るのかなど、自分に一番フィ

ットする順番を見つけることも、とても大切です。

　このように、自分の気持ちの動き、クセを観察しながら、自分が最も習慣化の行動がしやすいパターンを見つけると、よりルーティン化しやすくなります。

04 なぜパートナーを見つける ことが重要なのか

✔ ダイエットグループ結成で 10 キロ減量

　最後に、習慣化の種類によっては、最も強力なやり方が、**「一緒に習慣化に取り組むパートナーを見つける」** というやり方です。

　ダイエットや運動、英語の上達など、同じ目標を持つパートナーと一緒に進めていくことによって、やる気が高まり、中だるみなどを防ぐことができます。

　習慣化のやり方について、お互いの意見や実体験からのアイデアを交換できることもメリット。そして、何よりもパートナーがいると、お互いに刺激し合うことができたり、楽しく進められたりします。

　私がダイエットしたときも、私を含めた男3人でグループをつくりました。夏の始まりの6月に結成したので、グループ名を「常夏ダイエットブラザーズ」としました（笑）。私が関東、1人が中部、1人が関西という、住むところは離れた関係でしたが、2週間に1回のペースで、1時間ほどのスカイプのミーティングを設定し、近況報告や相互のショートコーチングなどを行いました。

　そして、夏も終わる3か月後、私が、-10kg、もう1人も-10kgを達成し、もともと体重が絞れていたもう1人は、体脂肪率が2ケタから1ケタになるという成果を達成しました。

お互い、刺激し合ったり、勇気付け合ったり、毎回のミーティングも楽しく、高いモチベーションで続けることができたことが、成功の要因であったと思います。

そこでは、無理せず、潜在意識を味方に付けるやり方を取ったので、通常の食事パターンに移行したその後も、実に3年以上リバウンドは起こっていません。

ちなみに私はこの後、連鎖・波及効果で、早起きの習慣も身に付き、朝4時台には活動を開始する習慣が続いています（実はこの本の原稿を書いているのも、ほとんど朝4時から6時の間です）。そして、そのポジティブな連鎖の波は今も広がり続けています。

また、経営者の方や、グループのリーダーの方は、会社ぐるみやグループ全体で、習慣化に取り組むというやり方もおすすめです。例えば、昼休みの20分程度のジョギングや、有志だけの朝食ミーティングの設定等、ダイエットや早起きの習慣などをみんなで促進していくことができるアイデアはたくさんあるでしょう。やってみる価値はあると思います。

Check Lists

- [ ] 本当の目的を確かめてみることによって、芯からの継続力が生まれる

- [ ] イメージするときは、できるだけ具体的に、そしてクリアにすると、潜在意識にアクセスしやすくなる

- [ ] 毎日続けられることを目標にする

- [ ] 毎日できたかが明確にわかる目標にする

- [ ] 目標をポジティブに言い換える

- [ ] 習慣化の行動をしていることと、快の感情を直接結び付ける

- [ ] 最初は成果が出ることを期待せず、習慣の定着に重きを置く

- [ ] 行動しやすい順番のパターンを見つける

- [ ] 一緒に取り組むパートナーを見つける

Chapter 6

仕事・生活習慣の磨き方

仕事の習慣

01 断捨離の重要性とは

✔ 仕事に対する軸が見えるようになる

　Chapter 5 では、習慣化を始める具体的なステップについて説明しました。続くこの章では、仕事の習慣、そして身体の習慣である、食事の習慣、運動の習慣、睡眠の習慣、姿勢の習慣など、あなたにとってのスイッチとなる可能性のあるさまざまな習慣についてお話しします。まずは、ご自分のペースで習慣化していけそうなことを選ぶのをおすすめします。

　最初は、「仕事の習慣」です。

　その中でも、まず取り上げるのは、これまでも何度も出てきた言葉「断捨離」。断捨離は、スペースをつくる、余裕をつくるといった意味でも、とても大切な行動です。

　世の中に出回る情報流通量は、天文学的なスピードで増え続けています。英国の新聞 The Guardian によれば、インターネット上で流通される情報は、さらに 18 ヶ月ごとに 2 倍ずつ増え続けているそうです。我々には果たして、そんなに多くの情報が必要なのでしょうか？

　断捨離という言葉は、2010 年頃流行語となり、急速に世に広まりました。それには、こういった過度の情報社会化が背景にあると考えられます。

　断捨離とは、ただの整理整頓ではありません。言葉の由来は、ヨガ

の行法である断行、捨行、離行から来ています。その根本となる考え方は、**「執着から離れる」**ことにあります。さらに言えば、「ない」という観念から離れることです。

仕事をしていても、この「ない」は、いつも付きまといます。経験が足りない、知識が足りない、情報が足りない、人材が足りないなどなど。だから、「事を成すには、いろいろなものが揃っている必要がある」という観念にとらわれがちです。

もちろん、日々努力を重ねて、経験を積み、知識を重ねて、必要な情報を収集し、優秀な人材を集めながら仕事をしていくことは重要です。しかし、「〜がないからできない」という観念が過剰になると、必要もないことを始めて、必要もない知識やデータを得ようとし、現有勢力でしっかりとチームビルディングすることを怠ってしまいます。

これは、何が必要なのかがちゃんとわかっていないから起こることなのです。わかっていないから、あれもこれもとやたら集めたがるのです。

そもそも仕事において、何が目的で（存在意義）、何が大切で（価値観）、どこを目指し（ビジョン）、何をするのか（戦術）が明確であれば、必要なリソースが何であるかをしっかりと把握できるはずです。

私の場合、企業研修においても、社員のみなさん一人一人の軸を見つけるためのプログラムを実施しています。これを行うと、内面から湧き出る継続的なモチベーションが格段に高まるからです。

そこで、本書では、あなたの仕事に対する軸がより見えやすくなるためにも、断捨離の習慣をまずご紹介します。

02 読書の断捨離習慣

✔ 深く掘り下げていく読書習慣を身につける

　最初は、**読書の断捨離**です。

　本書を読んでいるみなさんは、ビジネス書や専門書など、仕事に直接関係のある本や、生き方に関するノウハウを含んだ本などを読むことが多いのではないかと思います。

　乱読、多読、積読などと言いますが、たくさんの書物に触れることは、知識を広めるとともに、見識を深める機会をも提供してくれます。読書によって、仕事上のスキルアップを図ることもできますし、仕事上の大切な考え方を学ぶこともできます。

　仕事のための読書は、その**好きで得意な分野に磨きをかける**ことに焦点を絞って進めていくことをおすすめします。

　特に大事なのは、「好き」ということです。その分野の仕事をやっていると、面白みを感じる、集中できる、喜びを味わえる、ということが大事です。

　焦点を絞るとは、その分野を研鑽するにおいて、とても役に立つと思った本を繰り返し読むことも含まれます。まさに、選択と集中です。

　繰り返し読む時のやり方をお話しします。

▶ Step 1
一冊の本を読み終えたら、最後のページの余白に読み終えた日付を記入する

▶ Step 2
その本が、自分にとって、一生のうちに何回読む価値があるかを判断する

▶ Step 3
記入した日付の左に、①を書き、何回読むか決めた回数に合わせ、その下に、②、③と縦に数字を書いていく

▶ Step 4
2回以上読むと決めた本は、2回目に読む予定を決めて、机の横に「積読」をしておくか、普段からタイトルが見える本棚の位置に置いておく

▶ Step 5
2回目を読み終えたら、②の右横に終了した日付を書く
3回目以降も、これを繰り返していく

　ちなみに、私の場合、最高の部類の本は、7回読むと決めます。かなり役に立つと思った本は、3回から4回としています。

　本は1回読んだだけでは、筆者が本当に伝えたいことの半分も理解できないでしょう。実際、同じ本を2回読むと「こんなこと書いてあったかな?」と思うことも多いと思います。

さらには、理解したと思った内容も、読み手の人生のステージが変わったり、その分野の習熟度が上がったりすると、読み返した時に、全然違うとらえ方、より本質に迫ったとらえ方になることも多々あります。

伝説の灘校国語教師と言われた橋本武さんは、灘中学の生徒たちに対し、一般の教科書を使わず、中勘助の『銀の匙』という本1冊だけを読む授業を3年間一貫して行っていたそうです。これは、1つのことを深く考え、その本質に迫ることを徹底的に実践した奇跡の授業だったと言われています。

これが生徒たちの根本的な思考力を、段違いのレベルまで持っていったのでしょう。実は、橋本さんが赴任した昭和9年当時の灘校は、今では信じがたいことですが、東大合格者ゼロの学校でした。そんな中、この『銀の匙』の授業を最初に受けた生徒たちの中からは、15人の東大合格者がいきなり出たそうです。そして、その6年後に灘校は、京大合格者数日本一となり、さらに6年後には、関西にあるにも関わらず、東大合格者日本一の学校となったのです。

何でも一芸に秀でた者は、他の事を習得することも非常に早いと言います。読書も、まずは、1つのことに集中し、その熟成を進めながら、時々違う分野のものにも手を出していく、この読書の断捨離習慣は、非常に効率的なアプローチです。

03 意志決定の断捨離習慣

　続いては、少し視点を変えて、**意志決定の断捨離**のご紹介です。

　第3章でご紹介したロイ・バウマイスターの研究によると、物事を決める、つまり意志決定の際には、頑張ることや我慢など自制心を働かせたときと同様、意志の力のリソースを消耗しているということがわかりました。両氏の実験では、被験者が意志決定を繰り返す度に意志の力が弱まっていき、**「決定疲れ」**という現象が起るとのことです。数々の実験や研究の結果、両氏はこう述べています。

　「自己抑制と実践行動と意識的選択には、同じ精神的リソースを使っているということだ。意志決定をおこなうと、このリソースを使い果たすので、その後のセルフコントロールや活動の能力が下がる」

　とは言え、人生は意志決定の連続です。仕事においても、同様です。では、**意志決定の繰り返しで、意志の力が消耗していく**という事実を前に、どんな対策が取れるでしょうか？

　Facebook創業者のマーク・ザッカーバーグは、いつも同じTシャツを着て、同じ格好をしているといいます。彼は、トレードマークであるあのグレーのTシャツを何と20枚以上持っているそうです。これを一種のブランディングという見方もありますが、ザッカーバーグの見解は、着るものについて「エネルギーを使うのは無駄」というシンプルなものです。彼ぐらいになると、1日に何十、何百という重要な意志決定を行うような仕事をしています。そんな中で、**少しでも余**

分な意志決定の要素を減らしたいということでしょう。

　毎朝、ワードローブから幾つもの服を取り出して、今日の予定を想像しながら、その日のコーディネイトを決めていくのは、意外と大変な意志決定なのかもしれません。ザッカーバーグに限らず、あのスティーブ・ジョブズが、いつも黒のタートルネックのトップスにジーンズといういでたちだったことや、オバマ大統領がいつも紺のスーツ姿であることなども有名です。彼らは、こんな小さなことから、意志決定の断捨離をしているのです。

　ザッカーバーグにとっては、Facebook を良くしていくことが、どんなことよりも最優先。「100％のエネルギーを確実に Facebook に捧げる」、それ以外では、極力日々の決断を少なくしたいのだそうです。

　私生活での些細な決断にエネルギーを使ってしまっては、するべき仕事を全力でできないような気がしてしまう、という感覚から、それらを至ってシンプルにしたり、人に任せたりするという戦略を取っているのだと考えられます。最善の仕事をするための習慣の１つなのでしょう。

　この意志決定の断捨離のためには、衣食住においてのパターンをあらかじめ決めておくということをおすすめします。特に朝において、仕事以外で意志決定する要素を少なくしていくのがポイントです。

- ●着るもののパターンを決めておく
- ●朝ごはんのパターンを曜日別に決めておく
- ●朝、なるべく SNS やプライベートのメールのチェックをしない
- ●メールの返信をする時刻を決めておく
- ●片づけに時間を費やさないよう、整理整頓を常に行う

✔ 午前中に重要な意志決定をする習慣

また、意志決定により、意志の力が消耗していくという点から、**重要な決定事項は、午前中の早い時間にしてしまうという習慣**も非常に大切だと考えます。

女性下着メーカーのトリンプでは、朝8時半から部長以上の幹部が集まるマーケティング＆セールス会議というものが開かれています。ここでは、1時間余りで40もの案件を即断即決するといいます。

この会議を発案した吉越浩一郎社長時代、トリンプは19年連続で増収増益を果たしました。後日、成功の最大の要因の1つがこの会議にあったことを吉越氏自身が述べています。

午前中は、できるだけ重要な意志決定に関する仕事に集中し、午後からはメールの応答や、優先度の低い仕事、そして雑務などに充てるという習慣は、あなたの仕事の生産性と的確性を向上させることでしょう。

04 自分を大切にする習慣とは

✔ 自分の時間を最優先する

　仕事をする上で、ついつい疎かになりがちなこと、それは、自分を大切にすることです。

　体を酷使したり、睡眠時間を削ったり、楽しみを我慢したり、そんなことが当たり前になっていませんか？

　さらには、自分を優先することに遠慮したり、自分のことを優先することが社会性の欠如とまで思っていたりしていませんか？

　人と協調性を持つことは大切です。チームの一員として、リーダーシップやチームワークを発揮することは、ビジネスマンとしての能力の証明でもあります。一方、過度な人付き合いや、遠慮はあなたの大事な時間と労力、お金を浪費します。そして、何より「自分がない人間」のような印象をもたれがちになります。

　私が若い頃働いていた会社は広告会社でした。今考えるとよくやっていたと思いますが、残業の３時間や４時間は当たり前、忙しく働き、毎日夜遅くまで会社に残って仕事をしていることが、できる広告マンの証のように思っていました。定時に帰る人間は誰ひとりいません。定時に帰ろうものならば、ダメ社員の烙印を押されかねない。そんな雰囲気が支配していました。

　そして、夜遅く仕事が終わると、毎日のように仕事仲間で誘い合っ

て、目的もないのに、夜の街に繰り出す。目的があるとしたら、それまでの時間のストレスを少しでも解消することでした。

その頃、お金も相当浪費しました。自分のスタイルに合っていないこともわかっていながら、これもまた大事な付き合い、そしてコミュニケーションと自分に思い聞かせながら、流されるようにそんな毎日を過ごしていました。

その後、30代になって、外資系の企業に転職してみると、文化は明らかに異なっていました。やるべきことを終えたら、みんなさっさと帰っていく。私は、マーケティングという部署に属していたので、比較的残業もありましたが、それでも広告会社時代に比べれば、雲泥の差。そして、一番の違いは、職場の仲間と目的もなく飲みに行く機会が、ほとんどなくなったのです。

これで、生活のパターンは大きく変わりました。自分の時間がしっかり取れるのです。日々の生活の中で、学びの研鑽や、趣味の時間を心置きなく取れるというのは、とても豊かな感覚です。特に独立する前の3年間は、ほとんど残業というものをした覚えがありません（それでも、マネジメントをしていたユニットの売り上げは、その3年間で3倍近くになりました）。おかげで、メンタルコーチングやファシリテーションの研鑽、そして志を同じくする仲間との活動を存分にできた覚えがあります。

そんな中、**自分の時間を最優先するという習慣が自然と身に付いていきました。**

自分の時間を最優先するというのは、人に流されず、主体的に生きるということにもつながります。

自分とのアポイントをとる習慣

 とは言え、それぞれの会社にはそれぞれの風土があります。仕事の後の飲みの席も大切なコミュニケーション。自分の時間を大切にしたい気持ちはあるけれど、毎回断るというのは、何ともよろしくないと思われる方もいるでしょう。

 自分の時間を最優先する習慣としておすすめするのは、**自分とのアポイントを取る習慣**です。
 その方法をお話しします。まずは、1か月のスケジュール表に、仕事に関する学びの時間、運動をする時間など、自分とのアポイントを書き込んでしまいます。平日の夜は、週に2回とか、昼休みは週に3回とか。
 そして、そのアポイントを、世界中の誰とのアポイントよりも最優先するのです。

 そのアポイントがある日に飲みに誘われても、「ありがとうございます。大事な人とのアポイントがすでにあるので」と言って、丁重に辞退することを徹底するというのもこの習慣の一部です。
 最初は気がとがめる感じが残るかもしれません。「一度断ったら、もう誘ってもらえないんじゃないか?」と思うかもしれませんが、大抵は過度な思い込みです。
 中にはそういう態度を良く思わない人もいるかもしれません。これは確率論で、1割から2割必ずいます。
 一方、自分とのアポイントを優先して、キッパリと断るあなたに対して好意的に思う人も、1割から2割確実にいます。驚くべきことに、我々は普段、自分の時間というものの優先順位をついつい下位に

しがちです。本当に驚くべきことです。しかし、これは世の中のどの人よりも大切な人とのアポイントなのです。

あなたにはあなた自身以上に大切な人はいますか？

この質問に立ち返ったとき目的もハッキリしていない、流れだけでいく飲み会と、あなたの最も大切な人である自分自身とのアポイントとどちらを優先するかは明白なはずです。

まずは、1か月これを徹底してみます。すると、自分とのアポイントを最優先するという感覚を実感してきます。なぜなら、この1か月間に、これまで付き合いの飲みの席に参加することに、自分の人生の貴重な時間とお金をいかに浪費してきたかがいやというほどわかるからです。

「自分とのアポイントを取る」という習慣は、自分自身を大切にする習慣であり、流される自分と縁を切り、**高い自己決定性を持って生きる習慣**でもあるのです。

「自分とのアポイント」があるので、お断りします

Column4

世界で活躍する人の習慣

　少々違う観点ですが、ここで、マーくんこと、ニューヨークヤンキース田中将大選手の話をご紹介します。

　日本プロ野球でシーズン24勝無敗という成績を上げ、メジャーリーグ入りを果たした田中選手。彼がヤンキースという世界の超一流チームでエース級の活躍を見せる姿は、私たちに大きな勇気を与え続けてくれています。ひじの故障に悩まされがちなものの、マウンド上から相手打者を制圧する能力は天下一品。監督やチームメイトからも絶大なる信頼を受けています。

　メジャーリーグには、毎年のように日本のトップ級の選手が挑戦します。そんな中でも、メジャーリーグにおいてもレギュラーに定着し、日本で活躍していた時のようなレベルで活躍し続ける選手は多くありません。そんな中、大活躍と言っていいレベルを保ち続けている田中選手には、ある特徴的な習慣があります。それは……「試合終了後、すぐに帰宅すること」。

　言わば、世界一遊びの誘惑の多い街ニューヨークに暮らしながら、仕事を終えた後すぐに帰宅する日々を送っているのです。（田中選手の場合、愛妻家で有名で、奥様の作ってくれる手料理が何よりの楽しみということが、大きな要因であるのかもしれません。）

　レッドソックスの抑えの守護神として、ワールドシリーズの最後のマウンドに立つほどの大活躍を見せている上原浩治選手も、かつてイ

ンタビューで、「球場と家との往復」とそのメジャーリーグ生活を表現していました。

　上原選手の場合は、レッドソックス1点リードの9回の場面で、リリーフのマウンドを託されるという、想像もできないような大きなプレッシャーのかかる役目を全うする毎日。試合後、球場内にある食堂で食事を取ってから、住まいであるホテル（ボストンに単身赴任）に戻ると、すぐに行うのは、肘をはじめとする体の電気マッサージ。その後、テレビのニュースをチェックしながら、1本の缶ビールというささやかなご褒美を自分にあげると、次の日のためにすぐに就寝の床につきます。

　すべての人が、これほどのストイックな生活をする必要はないと思いますが、注目していただきたいのは、その自分自身を大切にする姿勢。時々仲間と飲んで騒いで羽目を外すのは、ある意味大切なことですが（上原選手や田中選手にとっては、地区優勝の祝勝会でのビールかけなどがそれにあたるのでしょう）、日々流されるように酒の席に付き合うのは、なくしていってもいい習慣なのではないかと考えます。

　田中選手にしても、上原選手にしても、さまざまの遊びや面白そうな誘惑に惑わされることなく、「何のためにわざわざ海を渡ってきたのか？」を常に自分に問いかけ、自分自身の人生を大切にしながら、私たちに感動を与え続けてくれています。

　繰り返しますが、そんなにガチガチにストイックになる必要はありません。しかし、ちょっとした自律心を働かせることで、自分自身を常に良いコンディションに保つということは、自分を大切にしながら活躍する"できるビジネスマン"という1つの姿です。

05 自分の言葉で語る習慣

✔ 面接とは一体何をする時間？

仕事に関連して、「自分を大切にする」という点でもう1つ。

それは、**面接に関連しての習慣**です。

本書を読んでいるみなさんの中には、学生の方や、今後転職を考えている方もいるかもしれません。実は私、会社員時代、転職を5回経験しています。また、自分の部下の採用のため、面接官として延べ100人以上の方に面接をした経験もあります。言わば面接のベテランです（笑）。

みなさんは、面接というとどんなイメージがありますか？

この言葉を聞いただけで、緊張感が走ったり、体に硬直感を覚えたり、汗が出てきたりする方もいるかもしれません。大変だった就職活動時代を思い出す方も多いでしょう。面接に臨む上で、「面接マニュアルをしっかり覚えて答えなければ」とか、「好印象を残すにはどうしたらいいだろう？」とか考えるのも普通だと思います。

しかしちょっと待ってください。

面接というのは一体何なのでしょうか？

これは、大学の授業にゲスト講師として招かれるときに、学生のみなさんに必ず伝えていることですが、まず、**面接というのは、決して一方的なものではないということです。**

面接とは、面接官側が就職希望者を見極めるものであると同時に、就職希望者がその会社を、自分の人生の大切な時間を費やすに相応しい場所であるかどうかを見極めるものでもあるのです。

　つまり、面接はあれこれと聞かれに行くところだけではない、ということです。そう、**あれこれと聞きに行くところでもある**のです。

　これは、面接官としての私の経験（そのほとんどが中途採用の面接）ですが、募集をかける方も、実は大変な状況にあります。募集するポジションが欠員状態であるということは、そのチームリーダーを始め、チームメンバーに負担がかかっている状態であるということです。この状態を長引かせるわけにはいきません。できるだけ早く、そのポジションにフィットした人を採用をしたいわけです。

　新入社員採用の場合でも、会社にしっかりフィットしてくれる、そしてできれば長きに渡り活躍してくれる人を探すという目的で新規採用面接が行われています。そういった意味では、**面接とは、お互いのフィットを確認し合う場**なのです。

　会社に入るということは、人生の中の大きな契約の１つ。それは、結婚などと同様、最も大事な契約の１つなのです。だから、イメージから伝わってくるものや、知り合いから聞いた情報、そしてウェブサイトからの情報だけで、そんな大きな契約を決めていいのでしょうか？

　結婚を決めるときに、その人のフェイスブックからの情報や友人からの評判だけで決める勇気はないでしょう。やはり、面と向かってしっかり話し合い、一緒にいろいろな経験を共にし、さまざまなことを確認し合ってから決めるのではないでしょうか？

　そう言った意味では、会社を決めるときには数回の面接という機会

しかありません。この時間を一方的にこちらのことを聞かれる時間で済ませていいのでしょうか？

　自分を大切にするという習慣を持っていれば、そんなことには決してしないと思います。

✔ 面接のとらえ方を変えると？

　思い返してみれば、外資系を中心に5回の転職を経験している私の面接合格率は、とても高いものがありました。それは、「採用する側が偉くて、こちらがお願いする立場ではない。お互い、ベストフィットを探している者同士なのだ」という、自分を大切にする感覚があったからだと思います。

　その感覚で面接に向かうので、「御社では、誰かに『御社の○○○ブランドとはどんなブランドですか？』と聞かれて、すべての社員が同じように答えますか？」とか、「私は、この会社で○○○がやりたいが、その点御社の△△△はどうなっていますか？」とか、自分とのフィットを確かめるために、本当に聞きたいことをどんどん聞いていた覚えがあります。実際に、後程上司になった人間に、「あのときのあの質問が、とても印象的だった。あんな質問をしてくる人は今までに誰もいなかった」と言われたこともあります。

　一方、面接官の立場として、応募者が自分を良く見せようと用意してきた言葉はすぐにわかります。また、不自然に気に入られようとする態度もすぐにわかります。

　大事なことはそんなことではなく、**自分を大切にし、自分の言葉で語っているかどうかなのです。**こんなところにも、自分を大切にする

習慣が生きてくるのです。

　コーチングのクライアントからも、転職の相談を受けることが多々あります。そのときやるのが、メンタルリハーサルと言って、面接の現場をシュミレーションして、それを想定したやり取りを行ってみるというもの。想定した面接官の役も実際に自分でやってみて、その気持ちになってみるというのも、このリハーサルの重要な点です。

　最初は、「質問を受けにいく」という姿勢で、このリハーサルを始める方がほとんどです。リハーサルは何回も続きます。場合によっては、10回以上に及ぶこともあります。ここで、「お互いのフィットを確かめにいく」という姿勢で臨んでもらうようにすると、様相がまったく変わってきます。自分を大切にしているので、姿勢や態度が堂々としたものとなり、クライアントの人となりが、生き生きと表現された言葉が出てくるようになります。傍から見ていても、こちらの方が断然採用したい人に見えてきます。

　ちなみに、このメンタルリハーサルをやっていつも驚くのは、「出てきた面接官が、リハーサルでイメージしていた人とピッタリ同じだった」とか、「リハーサルでシュミレーションした質問が、実際に相手からどんどん出てきた」という報告をよくもらうということです。

　このメンタルリハーサル、面接や上司との業績評価面談の際などに、ぜひやってみてください。セルフコーチングでやってみても、効果は期待できます。

　このように自分を大切にする習慣を付けると、とてもありがたい副次効果も出てきます。それは、**自然に自己重要感や自己肯定感が増し**

てくるという効果です。日々自分を大切にしているので、**「自分は大切な存在」という思いが潜在意識の中に粛々と浸透していくのです。**

あなたにとって、"あなたが大切"というメッセージを送ってもらいたいと感じる人は誰でしょう？ 親、兄弟、子ども、親友、いろいろいると思います。そんな中でも、やはり、それは自分自身なのではないでしょうか？ 自分を大切にする習慣は、その最もやってもらいたいことをやるという、とても貴重な習慣なのです。

面接はお互いのフィットを確認し合う場

06 脳力が上がる習慣とは

✓ 快適領域を超えて脳力を上げる

「快適領域」ってなんでしょうか？これは、すでにできていることや、チャレンジしなくても出来てしまう領域です。ここでご紹介するのは、この快適領域を超える習慣です。

人は、慣れ親しんだことの方が安心できます。この領域を超えることには、安全が脅かされる可能性もあります。このため、つい、この

チャレンジが脳を鍛えてくれる

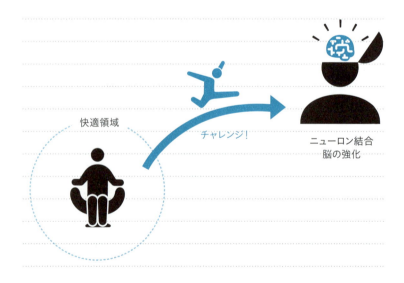

快適領域　チャレンジ！　ニューロン結合 脳の強化

快適領域の中での活動に留まりがちになります。

その一方、**この快適領域を超えることに大きなメリットがある**ということが、さまざまな研究からわかってきています。

スタンフォード大学心理学部教授キャロル・ドゥエックが、アメリカのいくつもの場所で、中学生の子どもたちに対してある実験を試みました。それぞれの場所において、子どもたちは、2つのグループに分けられました。1つのグループにはあることを教えることをせず、もう1つのグループには教えました。

結果、最初のグループは、学期が進み授業の内容が難しくなっていくにつれ、成績は落ちていきました。これは普通のことです。しかし、あることを教えられたグループは、逆にどんどん成績が上がっていったのです。驚くことに、各地で同じようなことが起きました。

このグループに教えたこととは一体何だったのでしょう？

それは…

「何か新しいことや難しいことを学習しようと、快適領域を超える度に、脳内のニューロンが新しい強い結合をつくる」

という脳科学によって証明された事実でした。

つまり、快適領域を超え、新しいことや難しいことにチャレンジしようとすると、それに対応するために脳内のニューロンに新しい強い結合が起こって、脳のレベルが上がり、頭が良くなるということです。これこそが正に、ポテンシャル（潜在能力）が上がる瞬間です。

「チャレンジの習慣は、脳のポテンシャルを上げる」ということを知ったグループの子どもたちは、高いモチベーションを持って難しい問題に取り組むようになりました。取り組み、チャレンジすれば、難しい問題でも解くことができるようになると知ったことで、彼らの脳の

ポテンシャルもどんどん上昇していったのです。

そして、これと同時にこのグループの子どもたちの心に育っていった信念、それが、**人間はその才能自体も伸ばすことができるという信念だったのです。**

さらに教授は、アメリカの学習成績最下位クラスの学校に、このニューロンの話を中心とした授業を展開しました。その最下位クラスの学校の1つは、ブラックアメリカンを中心とするニューヨークのサウスブロンクス地区にありました。その学校の4年生の子どもたちは、最初はペンもまともに握れない状態だったといいます。この授業を展開した1年後、何とそのクラスがニューヨーク州の学校の中で、算数のテストの平均点が一番になるという快挙を成し遂げたのです。

また、学習という面でも恵まれた環境にいるとは言い難い、シアトルのアメリカ先住民居住区内にある学校の生徒たちは、シアトルにおいて最下位の成績が何年も続き、まわりの関係者を始め、それは変えようもない事実だと思い込んでいました。

ここで同じく、この授業を展開した1年半後、成績最下位から一躍トップに躍り出るという驚くべきことも起こりました。

この話を知ってどう感じましたか？

いいニュースは、本書を読んで、このことを知ったみなさんは、あの成績が上昇していった子どもたちと同じ条件を、この瞬間にすでに得たということです。

つまり、**快適領域を超えることにより、あなたの頭は今からでもさらに良くなる**、という事実を知ったということです。

さあ、これから快適領域を超える習慣をしっかり身に付けていくのは、いかがでしょうか？

07 普段やらないことを やってみる習慣

　一方、人は安心安全の選択をしがちです。これは、潜在意識がそれを求めるからでもあります。それでも、人生の中でチャレンジをし、快適領域を広げ続けようとする人もいれば、快適領域に留まろうとする人もいます。

　ちょっとキツイ言い方をすると、快適領域という"ぬるま湯地帯"に安住し続ける人は、**人生においてのポテンシャルアップの機会を失い続けている**とも言えます。

　では、どうすればいいのか？

　これまでお話ししたように、ことは少しずつ、小さなステップで始めるのがいいのです。少しずつ快適領域を超え、快適領域自体を大きくしていく習慣を作っていくのです。そうすることによって、大きなチャレンジ、つまり快適領域を一気に大きく超えるような決断をするための"勘所"がわかるようになります。つまり、チャレンジと無理無謀との違いがわかってくるようになるのです。

　快適領域を超えることは、決断です。そして、その決断が脳のニューロンの強い結合を促し、あなたのポテンシャル、つまり潜在能力自体を向上させていくことにつながります。ここでやっていきたいのは、**決断ぐせを付けること**。それにはちょっとしたことから始めることがおすすめです。

　そのやり方の１つは、**普段やらないことをやってみるという習慣**を身に付けることです。

次のような、ほんの少しのことの積み重ねです。「駅から家までいつもと違う道で帰る」「普段あまりしゃべらない人をランチに誘ってみる」「会社のエレベーターをよく使う人は、階段を使ってみる」など、まずはこんなことを1日1回以上やってみることから始めて、徐々に難易度の高いものも取り入れてみるというのがおすすめです。

そして、それらが習慣化してきたら、今度はより難しいことにチャレンジする習慣へとレベルアップしていく。

チャレンジは、自分の脳のニューロンが新しく強く結合していき、自分の頭がさらに良くなっていくことをイメージしながらやるといいでしょう。

● TOEIC にチャレンジする

● 勉強したきりだった知識を、実際に仕事で使ってみる

● 興味はあったけど、自信がなくて断っていた仕事を受けてみる

● 新しいプロジェクトを提案し、プロジェクトリーダーになる

など、ちょっと難易度の高そうなことにも、普通に取り組む習慣がもし付いたとしたら、あなたのポテンシャルも加速して向上していくでしょう。

ちなみに、私の友人に、**「決断に迷ったら難しそうな方を選ぶ」**ということをルールとしている人間がいます。確かにこの友人、40歳の今でも恐ろしいほどどんどん成長していくのが、付き合っていてよくわかります。ポテンシャル自体が上がり続けているのですね。習慣化の力は、本当にとてつもないと感じます。

Check Lists

☐ 読書の断捨離習慣で、好きで得意な分野に磨きをかける

☐ 意志決定の断捨離習慣で、意志の力が消耗するのを防ぐ

☐ 自分を大切にする習慣で、自己肯定感を上げる

☐ 自分とのアポイントを取る習慣で、流されない自分をつくる

☐ チャレンジの習慣は、脳力を上げる

☐ 普段やらないことをやってみる習慣で、チャレンジ体質をつくる

身体の習慣

01 週に数回料理をする習慣

　続いては、身体に関する習慣についてです。
　仕事をやる上においても、若い頃は無理がききますが、年齢を重ねるにつれて、同じようにはいかなくなってくるのが現実です。ロングランである人生において、身体は私たちの人生全体を支えてくれる土台。その土台を盤石なものにするためには、食事について考え、運動について考え、そして睡眠についても考えていく必要があります。

　ここでは、その食事、運動、睡眠、姿勢という面から、良い習慣というものを検証していきます。これらの習慣の中には、高いパフォーマンスを発揮するためのコンディションを整えるにとどまらず、脳への刺激が促進されることによって脳力も上がる習慣なども含まれています。

料理をすると長生きする

　最初は、食事の習慣から見ていきましょう。毎日の食事は、私たちの体を作ります。体に良いものを食べていれば、その素材を素にした血液や肉体ができあがっていきます。体に良くないものを食べ続けた時もまた同様です。
　少し前、あるファストフードのハンバーガーを何日も食べ続けるとどうなるかを主題にしたドキュメンタリー映画がありましたが、これを実際の食生活で実行しようとする人は、あまり多くないと想像しま

す。

　ところで、本書を読まれているみなさんは、普段料理をするでしょうか？

　台湾の国立衛生研究院が、台湾に在住している 65 歳以上の高齢の男女 1,888 人を対象に、家庭での料理の頻度と寿命との関連を調査したところによると、ある興味深いデータが観察されました。

　対象者の料理の頻度は、「ほとんど料理をしない」が 43％、「週に 1 〜 2 回」が 17％、「週に 5 回以上」が 31％ でした。10 年の研究中、1,888 人中 695 人が死亡しましたが、最も死亡率が高かったのが「ほとんど料理をしない」グループ、最も低かったのが「週に 5 回以上料理をする」グループで、その死亡率には、実に **20％以上の有意差**があったとのことです。

「週に 5 回以上」料理をするグループは、食物繊維とビタミン C の摂取量が多く、コレステロールの摂取量が少ない傾向がみられました。このように、料理をすることによって、日々の栄養バランスの管理ができるようになるだけでなく、料理をすること自体が脳の活性化にも役立つということが、この有意差を生んだと考えられています。

　料理のプロセスというのは、いくつかの段階にわかれます。これを整えていくのは、一種のマネジメント的な作業でもあります。

　このようなプロセスを試行錯誤していると、前頭葉を始めとした脳の機能を活性化するだけでなく、脳内での新しいニューロンの結び付きをも促進します。**調理には、脳をレベルアップする効果もあるのです。**

週に5回まではいかないにしても、簡単なものからでも料理をつくる習慣を付けていくことで、日々の栄養のバランスを整え、防腐剤を多用した食品の摂取を避け、前頭葉を活性化し、脳力のアップを図ることができます。

また、料理することによる気晴らし効果などの、ストレス低減効果の一面も見逃せません。そして何よりも、自分の体をつくってくれる食に対する意識をしっかり持ちながら毎日を過ごす、ということの大切さを感じられるのではないでしょうか？

02 食習慣を変えてみる

✔ グルテンフリーが生み出した盤石の強さとは？

　次に、かなり具体的な食の習慣として、糖質の過剰摂取を避けるという点をご紹介します。

　最近では、テニスのトッププレイヤー、ノバク・ジョコビッチの食事方法の改善による躍進が話題になっています。かつてジョコビッチは、2008年にグランドスラムタイトルである全豪オープンを制した後も、今1つ調子に乗り切れずにいました。突然の体調不良が度々起こり、試合中に倒れることもしばしば。その原因が「グルテン不耐症」という一種のアレルギー反応でした。こんなこともあり、トップの一角には食い込みつつも、大事なところでもろさを露呈する場面が多くみられる状態が続きました。

　グルテンはタンパク質であり、小麦や大麦、そしてライ麦など、麦類に多く含まれます。グルテン不耐症であると、グルテンを摂取することにより、慢性疲労や偏頭痛などが起こり、ひどい場合は、めまいを感じたり、平衡感覚がおかしくなったりします。さらには、不安や鬱などの精神疾患を促進する場合もあるといいます。

　グルテンは、パン、パスタ、ラーメン、うどん、揚げ物、ビールなど、小麦、大麦、ライ麦を含む料理に含まれることから、ジョコビッチはその食生活を、これらを摂取しないいわゆる「グルテンフリー」

の食生活にガラリと切替えました。

　そして、その後は、体調不良に悩まされることもなく、高いレベルでの安定したプレーが続くようになりました。以前に見せていたもろさはどこへやら、今では盤石の強さを見せる世界の頂点へと登り詰めたのです。2015年には、全豪オープン、ウィンブルドン、全米オープンの3つのグランドスラムタイトルを獲得するなど、ライバルの中でも、頭1つ抜けた強さを見せています。

　グルテンフリーの食生活がすべての人によって良いかどうかはわかりませんが、慢性疲労や偏頭痛などで悩んでいる方は、3週間ほどグルテンを極力摂らない期間を設けてみるのもありでしょう。そして、体調が良くなることを実感したら、グルテンの摂取を抑えた生活を持続していくというやり方も考えられます。

　私の友人でも、このグルテンフリーでの体調の違いを顕著に感じた、と話す人間がかなり多いのが事実です。短い期間でも、一度その体調の差を実感として経験すると、自然とグルテンの摂取を抑えるような生活になっていくでしょう。

　実際、ラーメンやビールが大好きという方も多いと思うので、「全く食べない」とハードルを高くするのではなく、3分の2でも半分でも頻度を減らす習慣を身に付けていくというのもおすすめです。この場合も、グルテンを減らす期間を2,3週間設けて、違いを実感してみてください。これは、ダイエット効果も同時にかなり期待できる習慣です。

✓ 糖質の過剰摂取を避ける習慣

　さらにお話しするのは、糖質全体の影響についてです。

　先ほどお話ししたグルテンも糖質の成分中に含まれます。砂糖、ご飯、パン、ケーキ、クッキーなどは、私たちの食生活の中に頻繁に登場します。そして、これらのもの、特に甘いものを食べると、何とも言えない幸せな気分になります。これらを摂取することにより、脳内において、「快楽ホルモン」と呼ばれるドーパミンが分泌されるからです。

　食事をして幸せな気分になる、とても大事なことですね。ケーキを食べて、思わず「ああ、幸せ」という言葉が出てくるのも、そのときこのドーパミンが脳内を巡っているからです。

　一方、人間は元来どん欲にできているので、ドーパミンが出ると「もっともっと」という状態になります。だから、ケーキやクッキーを食べて、快楽を味わうと、「もっともっと」とさらに欲しくなります。このように「やめられないとまらない」状態になるのは、あなたのせいではありません。ドーパミンのせいなのです。

　ご飯やパンやパスタなど、糖質を多く含んだ食事の場合も同様です。表現がちょっと過激かもしれませんが、これは一種の中毒状態と言えます。実際に、これら糖質には常習性のあるエクソルフィンという成分が含まれていることから、これまたついつい手を出しがちになってしまうのです。

　さて、ここからが問題です。この糖質を過剰摂取した場合です。言葉は悪いですが、一種の中毒性や常習性があるがゆえ、意識しない間

に過剰摂取をしがちなのがこの糖質。飲んだ後の締めのラーメンも、その1つです。

糖分を過剰摂取をすると、まずは**肥満の原因**となります。ご飯の大盛りとか、ラーメンの大盛り、ついつい注文しがちになりますが、これが続くと過剰摂取が起こります。

糖分をたくさん含んだスイーツも、ドーパミンとエクソルフィンなどの影響で、過剰摂取気味になってしまいがちです。また、過剰摂取が日常化すると、糖尿病、脳卒中などの発生率を高めることにもつながります。これらの恐ろしさは、みなさんが感じているところでしょう。

さらには、米や、小麦、砂糖などの糖分を摂取すると、血糖値が上がっていきます。ちなみに、白い砂糖、白いご飯、白いパンなど、精製度の高い白い糖類ほど血糖値を上げやすく、栄養価が低いと言われています。

血糖値が急激に上がると不都合があるので、これを下げるために、インスリンというホルモン成分が分泌されます。これは至って正常な体の生理です。しかし、糖質を過剰摂取していると、インスリン分泌のコントロール機能に狂いが生じやすく、インスリンの分泌が過剰に行われるケースも出てきます。

こうなると起こるのが、いわゆる**低血糖状態**。低血糖状態になると、体のけだるさ、脱力感、生あくび、頭の重さなどが現れ、その結果、やる気の減退、集中力の欠如、思考力の低下、感情のコントロールを失って怒りっぽくなるといった症状が出てきます。

これらは、仕事や勉強の効率に著しくマイナスの影響を与えるもの

です。また、症状がひどくなると、目の焦点が定まらず、頭がフラフラしたり、めまいがしたりして、通常の生活にも支障をきたすまでになります。

特に甘いものには注意です。甘いものは、ショ糖と呼ばれる白い砂糖を多く含みます。精製度の高いショ糖は、特に急激に血糖値を上げるので、インスリンの過剰分泌を誘発し、今度は急激に血糖値と体温を下げることで、短時間に低血糖状態をもたらします。
「疲れたときは、甘いものをとるといい」ということが言われますが、甘いもののとりすぎは、逆に疲れやすさの元になり、空腹感もつくることから摂取過剰の原因にもなります。

糖分、特に甘いものの摂取を抑え、血糖値を1日中安定したレベルに保つ食生活を送ることは、体調管理の質を上げていくことにつながります。これまでいろいろと細かくお話ししてきましたが、シンプルに言うと、**低血糖状態になることを避けるための習慣を身に付ける**ことが、ここでの提案ポイントです。

特に精製度の高い、ショ糖などの白い糖質食物を極力取らない習慣を心がけていきましょう。

03 楽しく食事制限する習慣

✓ 腹8分目の習慣

1日3回の食事の中で、基本的に仕事中にとるのは、お昼ご飯。

ここでの提案は、**お昼ご飯は腹8分目にするというような、ちょっとした習慣**です。

この習慣は、低血糖状態になることを防ぎ、午後の眠気やだるさを起こしにくくなることから、**午後からの仕事のクオリティと効率の向上に大きく貢献してくれる**ことでしょう。

ちなみに、私が、3ヶ月で10kg痩せたダイエットをしたとき（ちなみに、3年間経った今もリバウンドはありません）、大きく貢献したのは、この昼ご飯の量のセーブと油抜きでした。このときは、しばらくの間、おにぎり1つとヨーグルトというお昼ご飯が続きました。これは、午後からの仕事のクオリティと効率向上だけでなく、ダイエットや、お昼ご飯代の節約にもとても貢献してくれました。（このときのダイエット方法については、私が監修した『奇跡のイメージダイエット』（ブルーロータスパブリッシング）に詳しく書いています。）イメージングを使って潜在意識に働きかけるダイエット法です。

現代の食生活は、基本的にこの糖類の摂取量が格段に上がった食生活と言えます。糖質を一方的に悪者にするつもりはありません。糖質は、あくまで人間の体に必要な栄養素です。

ただ、お伝えしてきたように、過剰摂取をすることによって、問題の発生原因となります。人によっては、ジョコビッチのように、かなりストイックに食事制限をする必要が出てくる場合がありますが、そうでない場合は、苦痛なく達成可能な程度の制限を行う習慣をおすすめします。

そして重要なことは、例えば、大好きなケーキを食べるときは、それを十分楽しんで、ドーパミンをたくさん分泌させ、幸せな気分に存分に浸ることです。つまり**食べること自体に一切罪悪感を持たない**。そして、十分楽しんだら、だらだらと続く「もっともっと」の気持ちをしっかり断ち切り、それ以上の摂取は控える。これが最高のパターンです。

本書に登場する成長ホルモン

ホルモン名	主な作用	特徴
ドーパミン	快楽感を感じさせる	不足すると、物事への関心が薄れる。一方、過剰になると、統合失調症や拒食症など、依存症を引き起こす。
セロトニン	幸せ感を感じさせる	ドーパミンやノルアドレナリンの分泌をコントロールして、心のバランスを取る。不足すると、うつ病や不眠症などの精神疾患に陥りやすくなる。
ノルアドレナリン	やる気や怒りを感じさせる	不足すると、気力や意欲の低下など抑うつ状態になる。過剰になると、怒りっぽく、イライラ、キレやすくなり、躁状態を引き起こす。
メラトニン	眠気をうながす	太陽を浴びた15時間後に分泌される。不足すると、不眠症などの睡眠障害を引き起こす。材料はセロトニンなので、セロトニンが不足すると、メラトニンも不足する。
テストステロン	支配性のホルモン、社会性のホルモン	男性ホルモンのひとつ。決断力や判断力を早め、的確な商況判断をもたらす。ストレスを受けると減少し、減少すると、メタボリックシンドロームのリスクが高まる。
コルチゾール	ストレス度を表す	ストレスを受けると、分泌量が上がり、心拍数の増加や血圧、血糖値の上昇を促す。蓄積型のホルモンなので、過剰になると、正常な値に戻るのに時間がかかる。

✓ ゆっくりと味わいながら食べる習慣

次は、楽しみながら幸せな気持ちで食事を取るということに関連したお話です。

それは、**目の前の食事をゆっくりと味わい、美味しさを感じながら食べるという習慣です。**

掻き込むように食べるのではなく、美味しさを感じながら食べることによって、腸からセロトニンというホルモン物質が多く分泌されます。ご存知の方も多いと思いますが、ドーパミンが「快楽ホルモン」なら、セロトニンは、**「幸せホルモン」**と呼ばれ、強い幸せ感を感じさせるホルモンです。

セロトニンは人間の精神面に大きな影響を与え、心身の安定や心の安らぎなどにも関与します。逆にセロトニンが不足すると、うつ病や不眠症などの精神疾患に陥りやすくなります。セロトニンは軽い運動や、日光浴などで分泌されることは有名ですが、「美味しい」という感覚を脳が持つことにより、腸からも多く分泌されるのです。

また、美味しさを感じ、味わいながら食べることは、ゆっくり食べる習慣にもつながります。ゆっくり食べると、よく噛むことによって、食べ物が口の中の段階でより細かくなります。また、細かくなった食べ物は、唾液に含まれる酵素によってしっかりと分解された状態で、胃に向かって進みます。これが胃に負担をかけることなく、消化を促進し、栄養の吸収率を高めます。

同時にゆっくり食べることによって、脳の視床下部にある満腹中枢を刺激し、あまりたくさんの量を取らなくても十分な満腹感を得られることになります。つまり、ゆっくり食べることによって、満腹中枢

が、カロリー制限を勝手にやって、**ダイエットに貢献してくれる**という オマケまで付くのです。

　ここまで、食事の習慣について長々と書きましたが、要点は「食事は天からの恵み、しっかりと恵みに感謝し、できるだけ自分で料理し、過剰摂取を避けながら適量をゆっくりと楽しみ、味わいながら食べる」という誰でもわかっている当たり前のこと。このような誰でもわかっている当たり前のことが、意外と日常の中でちゃんとできていないのが我々の実態です。

　これらが習慣化すれば、テクニカルなダイエットにお金と時間をかけなくても、自然にバランスの良い体型を保てるのです。そして、誰でもわかっている当たり前のことを地道に日々実践していく習慣を付けることが、成功への一番の近道と言えるのです。

04 | 運動で脳力がアップする

　ここからは、運動の習慣についてです。

　人生はロングラン、健康を保ち続けるには、食事の習慣と並んで、運動の習慣が大事だと頭ではわかっている。でも、忙しい毎日の中、なかなか運動をする時間が取れないという状態の方も多いと思います。

　運動には、健康促進という面の他にも、心への効果も見逃せません。有酸素運動状態では、幸せホルモンのセロトニン、快楽ホルモンのドーパミンなどの成長ホルモンが特に分泌しやすく、これらが気分の向上をもたらすと考えられています。

　セロトニンは、快楽ホルモンのドーパミンと怒りとやる気のホルモンであるノルアドレナリンの調整役として、適応力や心のバランスを整える効果があります。心のバランスが取れるので、幸せな気分になり、情緒が安定するのです。

　みなさんにとって、さらにいいニュースは、運動により脳のニューロンが結び付くという事実が発見されていることです。

　運動することによって、脳の器官である海馬の幹細胞から新しいニューロンが成長することを促すのです。つまり、**運動によっても、あなたの脳力がアップする可能性がある**のです。

　快適領域を超える習慣のところでご紹介したように、何か新しいことや難しいことに挑戦しようとするとき、シナプスを通じてニューロンに情報が送られ、脳内のニューロンが新しい強い結合を作ります。

そのとき、ニューロンの回路の材料となるのがBDNF（脳由来神経栄養因子　Brain-derived neurotrophic growth factors）です。脳内から分泌されるホルモンであるセロトニン、ノルアドレナリン、ドーパミンといった神経伝達物質が、ニューロン間の信号を伝える潤滑油のような働きをするのに対し、このBDNFは、ニューロンという回路自体をつくる栄養素にあたります。つまり、**BDNFは、脳力を上げるための土台、つまり脳のインフラをつくる要素なのです。**

このように、BDNFは、成人になっても脳力を上げ続けることを可能にする栄養素でもあります。このBDNFについての研究は、1990年代に研究者の間で大ブームとなりました。

BDNFと運動の関連について、まだ誰も明らかにしていなかった頃、カリフォルニア大学アーヴァイン校の脳老化・認知症研究所の所長を務めるカール・コットマンは、マウスによるある実験を行いました。

実験では、マウスをステンレスで自作した、カラカラと回転する回し車の中を走らせるグループと、回し車を使わせないグループに分けました。そして、回し車で運動を続けたグループのマウスの脳では、BDNFの明らかな増殖が見られたということです。さらには、長い距離を走り続けたマウスほど、その増殖量が多いことも判明しました。

一方、これはただ走り続ければ脳力が上がり続けるということではありません。BDNFが増えるということは、ニューロンが新しい強い結び付きを持つ可能性がある土台ができる、ということに過ぎないのです。

例えば、野菜をつくるにしても、豊饒な土壌がある上に、しっかり耕しながら酸素を土の中に多く含ませる手間をかけたり、必要な日照を与えたりしながら育ててあげる必要があります。同様に、BDNFが

増え、結び付いたニューロンもちゃんとした回路として定着するプロセスを辿って行かなければ、残念ながら脳細胞となることなく死んでいってしまいます。これでは、脳力を上げることには結び付きません。

✔ 有酸素運動をした後に、創造的な仕事をする習慣

では、どうしたらいいのか？

その1つは、**有酸素運動をした後に、創造的な仕事をする習慣**を持つことです。

2007年に行われたある実験では、50歳から64歳までの成人40人を、2つのグループに分けました。1つのグループには、最大心拍数の60％から70％の間で有酸素運動を35分続けてもらいました。もう1つのグループには、その間、映画などを見て過ごしてもらいました。

そして、その後両方のグループに、創造性を試すようなテストを受けてもらったところ、運動したグループは、答える速度や問題の認識力が著しく向上したとのことです。

これは、有酸素運動によって、BDNFが増加すると同時に、新しいニューロンの結び付きが生まれることで、脳が活性化した状態が生まれ、その後の創造的な仕事を促進したのです。

さらには、有酸素運動で生まれた新しいニューロンが、創造的な仕事をすることによって、しっかりと定着するという効果も表れたと考えられます。運動しただけでは、せっかく生まれた新しいニューロンが、その後死んでいってしまう可能性があったところ、**続けて行った**

創造的仕事によって、新たな脳細胞としての定着が図られたのです。

　有酸素運動をした後に、創造的な仕事をする。欧米のエグゼクティブの多くが、朝一のジョギングの後に、アイデアワークなど、クリエイティブな仕事に取り掛かるというパターンは、こういった意味でもかなり理に適っています。

　その他のアイデアとしては、午後の最初の仕事として、創造的な会議を設定して、昼休みのうちにジョギングなどの有酸素運動をしてから、その会議に臨むというやり方があります。これにより、会議の生産性を上げると同時に、あなたの脳力を上げるという効果も期待できるのではないでしょうか？

✔ 複雑な動きや、バランス感覚を要する運動を行う習慣

　もう１つは、**有酸素運動をした後に、複雑な動きやバランス感覚を要する運動を行う習慣**です。

　イリノイ大学の神経科学者のウィリアム・グリーノーの研究では、ラットを２つのグループに分け、１つのグループには、単純に走り続けることをさせ、もう１つのグループには、フィールドアスレチックのような複雑な運動や、バランスを保つ運動を続けさせました。

　その結果、複雑な運動やバランスを保つ運動をさせていたラットは、脳内の BDNF がより増加したといいます。複雑な動きやバランスを保つ運動は、ニューロンを広めるとともに、結合を強くするので、より複雑な動きなどをすることによって、新しくできるニューロンの数と結び付きを強化し、脳細胞としての定着を促します。

このように、有酸素運動を20〜30分した後に、複雑な動きをするダンス、ヨガのポーズやバランスを保つことを必要とするボルダリング、バランスボールなどをすることが、**新しい脳細胞の定着に効果を発揮**します。

すでにそういった運動をしている方は、その前に数十分の有酸素運動を取り入れてみる習慣を加えるだけで、脳力アップへの効果が期待できるのです。

また、複雑な動きが伴う活動であるピアノやギター、ドラムなど、楽器の演奏が趣味の方は、演奏の前に有酸素運動をする習慣を付けてみるのも効果的です。

✔ 運動&チャレンジの効果とは？

お話ししてきたように、運動をすることによって、新しい情報を記憶する細胞レベルでの基盤として、ニューロンの結び付きが促進され、脳がパワーアップします。その結び付き自体を活性化すると同時に、脳力を上げるための栄養素であるBDNFを脳内に増殖させ、「結びつきの準備を促進する」という効果もあります。

つまり、**運動の習慣が、ニューロンが結び付きやすくなる豊饒な土台をつくってくれるのです。**

前項で、快適領域を超える習慣、チャレンジする習慣についてお話ししました。慣れ親しんだ快適領域を超え、チャレンジをすることでも、ニューロンの結び付きは活性化されます。

ここでおすすめしたいのは、まず運動の習慣を身に付けることによって、ニューロンが結び付きやすくなる土台を作り、さらに、快適領域を超える習慣、チャレンジの習慣を身に付けることによって、その

結び付きをさらに強力に促進させることです。

　大きなチャレンジをし、試行錯誤、トライ＆エラーを繰り返しながら進むことが、最もニューロンの結び付きを促進します。このことで、あなたの脳力のレベルが段違いに変わっていくということです。そのための脳の状態の土台づくりとして、運動の習慣を身に付けること、とても理に適った流れだと思います。

✔ **運動による効果的ダイエット習慣**

　さて、運動といえば、ダイエットについても気になる方が多いと思います。運動のとき、有酸素運動をすることで、脂肪を消費し、痩せる効果があることは有名です。

　有酸素運動とは、あまり強くない力が筋肉にかかり続ける運動で、ジョギングやエアロビクス、ゆっくりした水泳などを20分以上続けることで、体内の脂肪燃焼が起こります。ポイントは、大きく負担のかからない運動を続けることです。苦しさを伴うようなレベルまでいってしまうと、呼吸が浅くなり、酸素が不足してしまうため、体脂肪の燃焼が起こりません。

　一方、筋力トレーニングや短距離ダッシュなどの運動は、無酸素運動で、筋肉を鍛え、基礎代謝量を増やす効果があります。

　基礎代謝量は、20代をピークに年々落ちていきます。中年以降に太りやすくなるのは、これが原因の１つです。脂肪と筋肉では、筋肉の方が消費エネルギーが大きいので、無酸素運動で筋肉質の体をつくることによって、基礎代謝量は増加します。

　そのため、**無酸素運動で、基礎代謝量を上げつつ、有酸素運動で脂肪を燃焼するというのが、効果的なダイエットにつながります。**

例えば、1時間の運動であれば

ストレッチ5分間　⇒　筋力トレーニング（無酸素運動）10分
⇒　ジョギング、エアロバイクなどの有酸素運動40分　⇒　ストレッチ5分

といった感じが、ダイエットを意識した運動としてよいでしょう。
ポイントは、筋肉トレーニングを最初に行うことです。

筋肉トレーニングを最初に行うことによって、体内の糖分を消費するので、有酸素運動の際、脂肪の消費がしやすくなる運動パターンができあがります。ダイエットが目的であれば、有酸素運動を20分以上取り入れましょう。

一方、筋肉を鍛えることが目的ならば、筋力トレーニングの時間の割合を増やします。この場合、ストレッチがポイントになります。**筋力トレーニング前の最初のストレッチで、筋肉を伸ばしすぎないこと。** 筋力トレーニングは、筋肉に圧力をかけて収縮させ、鍛えるトレーニング。だから、ストレッチで筋肉を伸ばしすぎると、筋肉を増強する効果が薄れてしまいます。まずは、筋肉を伸ばしすぎない軽い準備運動から始めて、筋力トレーニングを行い、その後筋肉をしっかり伸ばすようなストレッチを行うと効果的です。

軽い準備運動5分間　⇒　筋力トレーニング（無酸素運動）25分
⇒　ストレッチ5分　⇒　ジョギング、エアロバイクなどの有酸素運動20分　⇒　ストレッチ5分

例えば、こんな感じで行うと、とても効果的です。この順番がとても大切なのです。

05 最高の生活改善、早起きの習慣

✔ 睡眠について考える

　次は、睡眠の習慣です。

　良い睡眠を取っている人は、情緒が安定していて、病気も少なく、体調や肌の調子なども良好であると言われています。睡眠の習慣をより良い方向にしていくことによって、人生のさまざまな面における改善効果を生みます。

　早起きの習慣は、数ある習慣の中でもやはり王様クラス。早起きを習慣化することによって、毎日を快適にスタートすることができ、日々その全体が充実することにつながります。

　Chaper 4 で書いたように、Apple の CEO ティム・クックやスターバックスの CEO ハワード・シュルツ、そしてディズニーの CEO ロバート・アイガーら、世界に影響を与えるようなスーパービジネスマンたちは午前 4 時台に起床します。

　早朝の 1 時間は日中の 2 時間の価値があると言われています。仮に 5 時から 7 時の 2 時間を、仕事や創作活動に使ったとしたら、1 年で、2 時間 × 365 = 730 時間の時間を有効に使っていることになります。これを日中のクオリティに置き換えたとすると、実に 1,460 時間という膨大な時間を得ることになります。

　CEO たちのように、日中において分刻みの仕事をしている人たちにとって、この朝の時間は、運動をしたり、ゆっくりと自分と向き合

ったり、考えを整理したり、アイデアを生みだしたりするのに、なくてはならない時間なのでしょう。

　ちなみに、スキルをある程度使いこなせるレベルまでに必要な時間は、パソコンで 60 時間、英会話で 1,000 時間と言われています。英語があまり話せない人も、仮に、この朝の時間を 1 年間英会話に費やせば、それは 1,000 時間近い価値になり、1 年後にはビジネスでも十分に通じるレベルになるということです。

　私は、30 歳くらいまで英語が全く話せませんでした。TOEIC で言えば、何と 400 点台でした。留学をするという必要と時間に迫られて、早朝の時間を中心に使って、3 ヶ月集中的に英語に取り組んだところ、900 点レベルまでジャンプアップしたという経験があります。英語を使ってぜひとも達成したい目的のある人は、早朝の時間を使って、毎日粛々と英語に取り組めば、数か月後には相当なレベルまで到達する可能性があります。最近は、オンライン英会話という便利なものもあるので、毎日取り組むという意味でもおすすめです。

　また、早起きをして太陽を浴びると、早く寝るというパターンを作りやすくなります。
　早起きして、太陽を浴びると、メラトニンというホルモンが脳内に分泌されます。メラトニンは眠たくなるホルモンです。不思議なことに、メラトニンは、日光を浴びてから約 15 時間後に分泌されるという性質を持ちます。仮に朝 5 時に起きて、日光を浴びたとしたら、15 時間後の 20 時に眠気を感じるようにできています。この時間に眠気のシグナルを体が送ってくれば、自然と床に着く時間も早くなり、より早起きの習慣化に向かいやすくなるというわけです。（メラトニ

149

ンが分泌されるのが 15 時間後ということは、やはり 8 時間から 9 時間が、人間にとって 1 つの自然な睡眠時間ということなのかもしれません。)

20 時以降の仕事は、酔っぱらって仕事をしているぐらいのレベルという説があります。その効率は、午前中の効率の数分の一。よほど必要に迫られない限り、こんな効率のよくない時間に仕事をするのは避けて、朝にシフトするパターンをつくることをおすすめします。

また、あなたがもし人を雇っている経営者だったら、20 時以降にたくさんの社員が働いている状態は考えものです(飲食など、この時間帯が最も稼ぎ時の業種は別です)。まして、至極効率の悪いこの時間帯の労働に対して、残業手当を払うのは、企業の原理である投資 vs. リターンの観点でも、秀逸な経営状態とは言えないのではないでしょうか。

また、女性の方はよくご存じのように、肌の再生を促す成長ホルモンが分泌されるのは、夜の 22 時から 2 時くらいと言われています。この時間帯に熟睡することは、肌の再生がしっかりと促進されて、活き活きとしたお肌を保つには最適です。このことも早く寝るため、早く起きるための動機になるのではないでしょうか。

二度寝を防ぐ習慣

続いては、**二度寝を防ぐ習慣**です。

二度寝は、時間的にとても非効率です。それに、二度寝で 1 日が始まると、この締まらないノリが 1 日中続いてしまいます。せっかくの休日がダラダラと進み、ちゃんと楽しんだのかどうかもわからない 1 日になりがちです。おそらく、成功者に二度寝をしている人は、あま

りいないでしょう。

最適の睡眠時間については、諸説がありますが、その人に合った睡眠時間を見つけることが大切。ナポレオンや元英国首相のマーガレット・サッチャーが3時間しか寝なかったという逸話がありますが、アインシュタインなどは、10時間以上寝ていたそうです。

また、イチロー選手が1日8時間寝ることは有名な話ですし、作家の村上龍さんなども、8時間以上は寝ているそうです。短い睡眠時間＝できる人、といった根拠のない話に振り回されないことが肝心ですね。

睡眠は、大脳の機能が活発化しているレム睡眠と、休止しているノンレム睡眠によって構成されています。この2つを繰り返すパターンですが、その1セットが約90分と言われています。眠りが浅いレム睡眠のときに起きると目覚めがいいので、そこに合わせて睡眠時間を設定ようにするといいでしょう。逆に、眠りの深いノンレム睡眠の時に目覚ましが鳴ると、起きるのがつらい状況になり、二度寝の原因ともなります。

基準としては、この1セットである90分の倍数、3時間、4時間30分、6時間、7時間30分、9時間などです。これらの睡眠時間を試して、自分にとって最も目覚めのよい時間を日々の睡眠時間として設定するのが良いと思います。スッキリと目覚めが良い朝を迎えれば、二度寝などしていられなくなります。

ただ、一定の睡眠時間も大切ですが、**起きる時間が一定であることは、生活のリズムをつくる上において、さらに大事です。**

そのためにも、できるだけ寝る時間を同じ時間に保つようにしましょう。たまたまパターンが狂う日があっても、誤差は1時間以内に抑えることが大切です。いつも12時に寝て、6時に起きる6時間睡

眠を取っている人が、たまたま深夜2時に寝ることになってしまった日があれば、目覚ましは、90分の倍数の4時間30分の睡眠が取れる6時30分にセットするのがよいと思います。

習慣が付いてきたら、寝際にネットサーフィンとかに時間を取られることなく、この90分の倍数のセットを守りながら、生活のリズムを作っていくことができるようになります。

休日の日は、ついつい普段より遅くまで寝ていたい気持ちになりますが、**二度寝をせず、いつもと同じ時間に起きるようにすれば、人生全体が引き締まる**、というくらいの気持ちでもって習慣付けしていくと、その後のポジティブな連鎖や波及効果も起こりやすくなります。

さらには、目が覚めたら、すぐにカーテンを開けて、太陽の光をしっかり浴びることもぜひ習慣にしてください。太陽の光を浴びながら散歩などをすれば最高です。

これらの話について、タイトルこそ「二度寝を防ぐ習慣」としていますが、これはあなたにとって最適な睡眠時間で、毎日しっかりとした休養やリズムを作っていく習慣、睡眠においての基本中の基本の習慣なのです。

✔ 仮眠の習慣

南ヨーロッパでは、シエスタという仮眠の習慣が昔からあります。これは何もラテン系の人たちが、自由気ままな気質だからやっている習慣ではなく、ちゃんとした理に適ったものです。

3時間しか寝ていなかったと言われているナポレオンやサッチャーも、移動の時間などを利用して、15分ほどの仮眠を繰り返していたそうです。シエスタは、実はカーテンなども閉めて、部屋を暗くし、

ベッドの上で寝るというかなり本格的なものです。しかし、そこまでやらなくても、気軽に仮眠を取る習慣を身に付けていくことはできるでしょう。

お昼ご飯を食べた後、眠気を感じる人はたくさんいるのではないでしょうか？ これは、食事後、血液が胃袋に総動員されるということもありますが、サーカセミディアンリズムという、半日の周期でやってくる人間にとってごく自然な眠気のリズムが主要因です。それにより、午後からの仕事の効率がグッと落ちる実感を持っている方は多いと思います。

そんな中、**15分〜20分ほどの仮眠を取ることで、午後の仕事の効率が60%以上も上がる**ことがわかっています。午後の仕事の効率が上がることによって、仕事のクオリティも上がり、残業時間も減り、退社後のプライベートの充実も図ることができます。また、経理など、デスクワークの多い人にとっては、眠気によるケアレスミスを防ぐ効果も見逃せません。

もし、私が多くの社員を抱える会社の社長だったら、仮眠のシステムを会社に取り入れるでしょう。その効果とメリットを実感として感じているからです。

私が昔働いていたリーバイスという会社のサンフランシスコ本社には、広い仮眠室がありました。今では、アメリカ西海岸を中心に、多くの会社が仮眠室を設けたり、仮眠を奨励したりしています。仮眠を取ることの価値は、最近では日本のビジネス界にも認知が広まりつつありますが、実際に仮眠をしている人はまだまだ少数派なのではないでしょうか。

また、寝ている間、脳内で情報を処理する高度な機能が働きます。

仕事でアイデアを創出したいときなどは、仮眠の前にその仕事にまつわる情報をおさらいして、仮眠に入ると、起きたときにアイデアとなって表れることもあります。

これは、ジェームス・W・ヤングというある広告会社の役員によって、50年以上も前に書かれた名著『アイデアのつくり方』に載っているやり方の応用で、潜在意識の力を駆使した優れたアイデア創出方法です。潜在意識によって、脳がスーパーコンピューターのような働きをして、寝ている間にもの凄い速度の情報分析を行い、最良の結論をアイデアとして出してくれるのです。世にいう「ひらめき」というのは、こうして起こるのです。シリコンバレーを中心に、アメリカの先端企業では、仮眠を実際にアイデアの創出のために活用しています。

さて、仮眠は30分以内にとどめましょう。それ以上取ると、夜に寝られない状態になってしまう可能性があるからです。横になってしまうより、ソファーや車のシートをリクライニングさせて眠るほうが、目覚めやすくなります。

脳が処理する情報の8割が視覚情報と言われています。あまり眠れないという方は、目を閉じて視覚情報をシャットアウトし、数分間リラックスしているだけでも、脳を休ませる効果が上がります。

会社に勤められている方にとって、仕事中にオフィスなどで仮眠を取るということには、まだまだ罪悪感的に感じてしまうかもしれません。一方、仮眠の習慣には、あなたの仕事の効率の格段のアップなど、多くのメリットがあります。「効果が高いのだから、みんながやらないのなら、かえってチャンスだ」くらいに考えて、堂々と自分から始めて、まわりにもすすめたりするのがいいでしょう。仮眠のしやすい椅子や仮眠グッズなども、世の中に多く出回るようになってきたので、これらをチェックしてみるのもよいと思います。

06 姿勢と心の関係

姿勢が気持ちをつくる

続いては、姿勢と心の関係をお話しします。

スポーツの試合で、接戦の末惜しくも敗れうなだれる選手たちに、監督のみなさんがよく伝えるメッセージがあります。それは、「上を向け、お前たちはしっかり戦ったんだ！堂々と胸を張って上を向け！」。

とても感動的なシーンです。

実はこのシーンで、監督たちは、かなり理に適ったことをやっています。善戦をしたとはいえ、結果的には負けてしまったのが事実。うなだれ、下を向きがちになるのは当然のことです。すると、気持ちも落ち込んでくる。知らず知らずのうちに、負けた原因を探しにいく、その原因と自分との関わりを認識し、責任を感じ、さらに落ち込む。こんなパターンになる人は、結構多いのではないかと思います。

しかし、考えてみると、選手たちはこの試合に向けて一生懸命練習してきました。パーフェクトではなかったかもしれないけれど、試合でも培ってきたことを発揮しました。そんな自分を誇りに思っていいはずです。負けたとは言え、ここまできた努力を自分で讃えてあげていいはずです。そんなとき下を向いていると、なかなか自分を讃えるような気持ちにはなりにくい。

そう、これは姿勢の問題なのです。

これは生理学的に証明されていることですが、**姿勢が気持ちをつくるのです。**

だから、監督たちの「胸を張って上を向け！」は、選手たちが頑張ってきた自分を讃え、誇りに思うことをしっかりと促す言葉なのです。

実際にやってみましょう。

視線を下に向けて、猫背になりながらちょっと落ち込んだ気持ちになってみてください。

自然に落ち込んだ気持ちになりますよね？

次に、胸を張って、視線を上げて、やや上を見ながら落ち込んだ気持ちになってみてください。

どうでしょうか？

今度は先ほどとは感覚が違うのではないでしょうか？

この姿勢では、なかなか落ち込んだ気持ちになりにくいですよね？

では、今度は逆に、視線を下に向けて、猫背になりながら、しっかりと喜び、清々しい気持ちを感じてみてください。

これもきっと難しいはずです。

これを、胸を張って、視線を上げて、やや上を見ながらやるとどうでしょうか？

自然と全身に清々しさが溢れてくるのがわかると思います。

そう、**姿勢は心の状態に大きな影響を及ぼすのです。**

たった2分間の姿勢の違いが生む差とは？

　ハーバード・ビジネス・スクールで教鞭を取る社会心理学者エイミー・カディ教授は、姿勢とボディランゲージ（非言語行動）の重要性を強調しています。

　姿勢とボディランゲージは、人に与える印象だけでなく、自分自身の心理状態にも大きな影響を与えるからです。

　彼女のある実験では、被験者のグループをランダムに2つに分けて、1つ目のグループには、ハイパワーポーズと呼ばれる自信のある人がよく取るようなポーズを2分間取ってもらいました。ハイパワーポーズは、立ちながら両手を腰に当てて、仁王立ちをするようなポーズだったり、椅子に浅く腰かけて、踏ん反り返りながら両手を大きく広げるポーズだったりします。いずれも体がしっかり開いていて、視線が自然と上を向くような姿勢です。

　一方、もう1つのグループにはローパワーポーズと呼ばれる自信なさげな人たちがよく取るポーズを2分間取ってもらいました。ローパワーポーズは、何かから自分を守ろうとする時取るようなオドオドした姿勢、体を閉じ、腕で胸のあたりを覆うような姿勢で、視線はうつむき気味です。

　実験では、このわずか2分間の姿勢の違いが、脳内の2種類のホルモンに大きな影響を与えることがわかりました。1つは、支配性のホルモンであるテストステロン、もう1つはストレス度を表すホルモンであるコルチゾールです。

　ちなみに、優れたリーダーシップを発揮するリーダーは、高いテストステロン値と低いコルチゾール値を持つと言われます。支配性が高

く、ストレスが少ないという状態です。

　まず、支配性のホルモンであるテストステロン値は、ハイパワーポーズを2分間取ったグループでは、何と平均20%上昇し、ローパワーポーズを取ったグループでは逆に10%減少しました。ハイパワーポーズを取った人たちの支配的感覚が上がり、ローパワーポーズを取った人たちの感覚が下がったということです。

　そして、ストレス度を表すホルモンであるコルチゾール値は、ハイパワーポーズを2分間取ったグループでは、平均25%減少し、ローパワーポーズを取ったグループでは逆に15%上昇したとのことです。ハイパワーポーズを取った人たちのストレス値が下がり、ローパワーポーズを取った人たちのストレス値が上がったということです。

**　たった2分間、異なるポーズを取っただけで、これほどの違いが出るのです。**

　大きなストレスを抱えた人が、落ち着かない様子で、体をかがめ、閉じたような姿勢を取りがちなことはイメージできると思いますが、**実はこの姿勢自体がストレス値をさらに上昇させる原因ともなっているのです。**

　「良い姿勢をしなさい」という教育を受けてきた方はたくさんいると思います。特に武道や茶道や華道など、日本独特の"道"の付く稽古事をされてきた方は、背筋の伸びた姿勢を徹底的に教え込まれ、習慣になっている方も多いことでしょう。これは、このハイパワーポーズと同じような効果をもたらすと考えられます。このような方は、軸を持った強い身体の感覚とともに、脳のホルモンの分泌を促進しているので、凛とした心の状態やストレスに対抗力のある状態をつくり出しやすいと言えます。

私は外資系企業に10年以上勤めた経験があります。そして、プレゼンテーションを行うときなぜか英語でのプレゼンテーションの方が、日本語の場合より気分良くできていた覚えがあります。英語のレベルで言えば、こういったプレゼンテーションを何とかこなせる程度のレベルで、決してネイティブ並みに流暢というわけではありません。それでもなぜか、英語でプレゼンテーションをすることが好きでした。

　そんな中、かつての同僚によく言われたのが、「日本語でのプレゼンテーションより、英語でのプレゼンテーションの方が堂々としてずっといい」、ということでした。思い返してみれば、英語でのプレゼンテーションをするときは、外国人の上司や同僚のやり方を真似て、かなり大袈裟なボディランゲージを使っていた覚えがあります。

　両手を大きく開いたポーズや、自信ありげに聞き手の前に仁王立ちする感じなど、日本語の時とは明らかに違う姿勢や動きをしていました（英語という言語は、こういう大袈裟な体の表現によく合うのです）。

　後に、このカディ教授の話を聞いて、随分と合点がいった覚えがあります。それからというもの、日本語の時でも同じように、大きな動きやハイパワーポーズを取ることが、すっかり習慣になりました。自分の印象をさらに堂々と見えるようにしようという目的よりも、脳内のテストステロン値を上げ、コルチゾール値を下げるためにやっています。

　これは私の感覚ですが、これが習慣になり始めてから、企業研修の講師をやっている最中などに、いわゆるゾーンとかフロー状態に入ることが多くなったような気がします。そして、これらの状態に入ると、自分でも驚くほどの成果を残すことも実感しています。

✔ ハイパワーポーズを取る習慣をどうやって身に付けるか？

さて、ではこのハイパワーポーズ、どのように習慣化していくのがよいのか？

注意すべきことは、ハイパワーポーズは場合によっては、少し大柄で失礼な印象を与えかねないポーズでもあることです。だから、例えば、営業の商談の席で、あまり大袈裟にすることに抵抗を感じる方もいるかもしれません。

それゆえ、**まずは、あなたの仕事やその他の活動で、緊張を強いられる場面や、プレッシャーの大きくかかる場面を前にした事前準備の習慣としておすすめします。**

仕事上の大事なお客さんとの商談の前、プレゼンテーションの前、面接の前など、さまざまな場面が考えられます。また、人によっては、朝会社に行って、上司や同僚にこちらから挨拶するのも、これに近いプレッシャーがある場面と感じる方もいるかもしれません。まずは、これら1つ1つの場面に入る前に、2分間だけでいいので、このハイパワーポーズを取ってみる習慣を身に付けるのです。これは、習慣であると同時に、ラグビーのあの五郎丸選手がキックの時に行っているポーズのような、「ルーティン」と呼ばれるものです。

社内や外出時に、2分という時間をまわりから見えない環境で取るのはなかなか大変なので、使っていない会議室や、近くのトイレがあなたの大事な準備ルームになるかもしれません。ポーズもいろいろととってみて、自分が一番しっくりくるハイパワーポーズを見つけてみるのも良い方法だと思います。

このわずか2分という時間の投資、試してみる価値は十分にありそうです。

Column 5

PC作業時に目線を上げる習慣

ハイパワーポーズの大きな要素の1つに、"視線が上向きになる"ということがあります。

一方、あなたの現在の1日の仕事を観察してみて、視線が上向きになっている時間はどれくらいあるでしょうか？

むしろ下向きになっている時間が、かなり多くありませんか？

そう、その代表は、PCを前にしている時間です。業種によっては、1日の大部分をPCでの作業に費やしている方もいることでしょう。

ここでのおすすめは、PCの位置を高くし、作業時の目線を上げることです。

目線が上向きになるまではいかなくてもいいと思います。下向きにならないで、モニターの画面の中心に目線が行った時に、視線が平行になる感じであれば十分です。デスクトップの場合はちょっとした台を用意して、モニターをその上に置く。ノートブックの場合は、いっぱいに広げたまま縦に固定できるようなPC用品があるので、それに少しばかりの投資をしてみてはいかがでしょうか？

これは、メンタルの面だけでなく、PCでの作業による目や体疲れを軽減する働きもあるので、一石二鳥です。台などを用意し、環境を整えるだけで、自然と習慣化できるので、何の苦労もなくできるアイデアです。

Check Lists

- [ ] 週に数回料理をする習慣で、コンディション調整と脳力アップ

- [ ] 糖質の過剰摂取を避ける習慣で、血糖値を安定させ、ダイエットにもつなげる

- [ ] 有酸素運動をした後に、創造的な仕事をする習慣で、脳力がアップする

- [ ] 無酸素運動と有酸素運動をミックスした運動の習慣が、効果的なダイエットにつながる

- [ ] 早起きの習慣は、王様クラスの習慣

- [ ] 仮眠の習慣で、午後からの仕事の効率が格段にアップする

- [ ] ハイパワーポーズを取るルーティンで、商談やプレゼンテーションに強くなる

Chapter 7

人生を根本から変える習慣

コミュニケーションの習慣

01 コミュニケーションが 人生を左右する

　Chapter 6 では、あなたにとって最適な「スイッチとなる習慣」の選択肢についてお話ししてきました。Chapetr 6 で紹介した習慣は、仕事や健康管理など、自分ひとりだけの習慣でしたが、この Chapter 7 では、他者と関わるうえで大切な習慣である、コミュニケーションの習慣と心の習慣についてお伝えします。

　ただ、コミュニケーションの習慣や心の習慣を変えることは、習慣化としてのハードルが高いので、この章の内容は、仕事の習慣や身体の習慣の中からスイッチとなる習慣をまず身に付け、慣れてきたところで取り掛かるのが良いと思います。

　一方、コミュニケーションの習慣と心の習慣は、あなたの人生に大きなインパクトを与えます。**人生を根本から変える可能性がある習慣**です。その第一ステップとして、Chapter 6 にあるような仕事や身体の新しい良い習慣を、「やっている」段階まで持っていくと、その波及効果で、これからお伝えするコミュニケーションの習慣やと心の習慣もより身に付きやすくなっていくのです。

　世界で最も有名なコーチの 1 人であり、ビル・クリントン、ジョージ・ソロス、レディー・ガガをはじめとするそうそうたる人たちをクライアントに持つ、ライフストラテジストのアンソニー・ロビンズは言いました。

「**コミュニケーションの質が人生の質を左右する。**(The quality of your life is the quality of your communication.)」

　私は、アメリカ系のグローバル企業に3社勤めた経験がありますが、経営課題について従業員へ聞いた社内調査において、いずれの企業においても課題のトップに来たのは、「社内コミュニケーション」でした。

　アンソニー・ロビンズ風に言えば、「**社内コミュニケーションの質が、企業の活動の質を決める**」という感じでしょうか。
　著書『イノベーションのジレンマ』で有名な、ハーバード・ビジネス・スクール教授クレイトン・クリステンセンの研究でも、現場社員からその上司を通じて、さらには経営者までの縦関係でのコミュニケーションの豊富さが、革新的な企業に成り得るかどうかのわかれ目になっていることがわかっています。企業として革新的なものを産み出すためには、現場からの優れたアイデアが、いかにゆがめられずに、意志決定者の元に届くかどうかに懸かっているということです。

✓ コミュニケーションに関する最大の勘違いとは？

　コミュニケーションがこれほどまで重要視されている背景の1つには、多くの人がコミュニケーションに対する前提について大きな勘違いをしがちなことにあります。

　それは、「**自分の頭の中にある世界が、相手の頭の中にある世界とほぼ同じだと思ってしまう**」ということです。人にはその人独特の信念や価値観があります。それらは1人ひとり違うので、根本的に、自

分と同じように世界をとらえている人はいるはずがないのです。

しかし、自分が相手に伝えたいことや、影響を与えたいことに集中していると、ついついこの前提を忘れがちになってしまうのです。それゆえ、適切なコミュニケーションが図れず、ミスコミュニケーションが起こり、相互理解が上手くいかず、時には感情がもつれ、人間関係の悪化にもつながります。

逆に言えば、良いコミュニケーションが習慣化されれば、一対一、一対多数に関わらず、相互理解と共感的な豊かな感情が生まれ、協力関係が進み、事がどんどん発展していきます。

コミュニケーションが変われば、ハードルを越え次のステージへ進める

02 人の悩みの
根本にあるのは

✔ 人間関係を良くするには

「すべての悩みは対人関係の悩みである」

　フロイトやユングらと、時代を共にした心理学者であり、心理療法家であるアルフレッド・アドラーの言葉です。一見、人間関係に関連しているようには見えない問題でも、その根っこには人間関係を原因とした悩みがあるということです。

　実際に、メンタルコーチングのセッションにおいても、例えば、最初にクライアントから出てきた悩みが、「営業成績が伸び悩んでいる」ということに関してであったのが、よくよく話を聞いてみると、根本は上司との人間関係の問題であったなどというケースは、実に数多くあります。

　コミュニケーションが適切でないとき、相手への間違った思い込みや懐疑などが生まれます。憶測が憶測を呼び、人間関係がどんどん悪化していきます。このループを、適切なコミュニケーションによってどちらかが断ち切らない限り、やがては収拾困難なレベルまで関係が悪くなってしまいます。

　また、会社で人が辞める要因の大部分は、人間関係にあると言われています。人間関係が良ければ、モチベーションの高まる場もできや

すく、チームワークや部署間の連携も向上します。結果、企業活動の質と効率も上がり、おまけに採用や人事異動にかかる大きなコストも軽減することができます。

　家庭内の問題や悩みも、夫婦の関係性や子どもの関係性がその原因にあり、逆に、これらの関係が良ければ、物質的問題などは、自ずと解決へ向かいます。

　アドラー心理学では、人間の基本的欲求に**所属欲求**を位置付けています。所属欲求とは、**「集団の中で自分の居場所を見出すこと」**。家庭でも、学校でも、会社でも、地域社会でも、所属の集団の一員として認められたい、受け入れられたいという欲求は、根源的に非常に強く、この欲求にコミュニケーションというものが、密接に絡んできます。

　コミュニケーションが良好に運べば、人との関係性が良くなり、そのまわりにある集団（例えば会社や家庭）への帰属意識も増し、所属欲求も満たされます。帰属意識の高い集団の中にいるとき、人間はモチベーションも上がり、まわりの人々への貢献意識も高まります。反対に、この所属欲求が適切な形でみたされないとき、その集団に不適合な存在として存在し続けるか、その集団を去る決意に至るのです。

　ここからは、主に仕事上でのコミュニケーションの習慣を例にお話をしていきます。上司という視点で例を挙げることが多くなりますが、これからお話しすることは、すべての方にとってとても大切なコミュニケーションの習慣です。今のご自身の習慣と照らし合わせて読んでみてください。

169

03 傾聴が重要なワケとは

　ここで、人間関係を良くするコミュニケーションの習慣として、まず始めに、**傾聴の習慣**について触れることにします。

　傾聴は、私が、企業のみなさんとコミュニケーション研修をするとき、真っ先にお伝えすることでもあります。それほど大切なことだからです。

　コミュニケーションというとき、多くの人が"話し上手"であることが重要と考える傾向にあります。確かに、話し上手であるに越したことはありません。一方、仮に話し下手であっても、良いコミュニケーションは成り立ちますが、聴き下手であった場合は、成り立つ可能性が限りなく低くなってしまいます。

　聴くことが大切という理由の1つは、「**自分の頭の中にある世界と、相手の頭の中にある世界は違う**」という点にあります。これは、信念や価値観がそれぞれ違うからでもあります。それらが同じであるという思い込みから解放され、相手の頭の中にある世界がどれくらい見えているかが、コミュニケーションの質に直結します。上手に話すだけでは、相手の頭の中の世界の探索はできません。そのキーは、傾聴の習慣なのです。

　もう1つは、「**人間は一番自分が好き、次に自分のことを理解してくれる人が好き**」という本質にあります。人間はやはり自分のことが

一番意識の中にあります。仲間と写真を撮っても、まず見るのは自分が写っている姿。時によって、意中の異性や、自分のこどもの場合もありますが、ほとんどのケースでは、自分自身の姿を探すことでしょう。

基本的に、自分のことが一番気になるのは、人としてごく当たり前です。そして、**人間は自分のことが一番気になるからゆえ、自分のことを理解してくれる人、理解してくれようとする人に好意を抱きます。**

自分のことを理解してくれる人は、話の上手い人とは限りません。一方、しっかりと共感を持ちながら自分の話を聴いてくれる人は、自分のことを理解してくれる人とみなすのです。そのことにより、人間関係が良好になり、人間関係の絆が生まれるきっかけができます。

 傾聴のスキルとその本質とは？

相手の立場になってみる、相手の気持ちになってみる、これはコミュニケーションに関して、よく言われていることです。ビジネスシーンにおいても、「お客様の立場になってみて考えてみよう」という言い方をよくします。しかし、そう簡単に相手の立場に立つことはできないことも、私たちは経験上知っています。

では、どうしたらよいのでしょうか？

もうみなさんはおわかりかと思います。そう、相手の頭の中の世界に近付くことです。**相手の立場になかなか立てないのは、相手の立場に立つことができるような情報が全く足りていないから**です。だからなかなかイメージができない。そこで、しっかりと傾聴し、相手の頭の中の世界をより正確に知るための適切な質問をすることによって、

相手の考えていること、感じていることの本質に迫っていけます。すると、やがて相手の立場にすんなりと立てる感じがしてくるだけの、適切な情報が集まってきます。ですから、相手の立場になる習慣は、傾聴の習慣とセットで考えていただけると良いか思います。

傾聴スキルの基本をご紹介しましょう。

❶ 相手が話しやすい雰囲気作り

コミュニケーションは共同作業です。相手を理解しようとすると、相手もこちらへの理解を高める気持ちになっていきます。相互理解を深めるためにも、話しやすい雰囲気作りは重要です。表情や態度などで、安心して話せる雰囲気が作り出せたら、その場が良いものを生みだすことのできる場になっているでしょう。

本題に入る前に、共通の話題でしばし雑談をすることなども、この雰囲気作りに役立ってくれるでしょう。また、少し身を乗り出すなどの姿勢も、聴こうとしている態度の表れと感じ取られるために、雰囲気作りにはおすすめです。

❷ 笑顔

笑顔は、人間だけが持っている、世界共通かつ最強のコミュニケーションです。人間関係の場で、これがあるかないかで、大きく方向性は変わっていきます。そういった意味でも、笑顔は、良い人間関係を築き上げるための必須ツールでもあるのです。

❸ うなずき、あいづち

うなずき、あいづちなどは、話し手が「自分の話を受け取ってもらえている」と感じる傾聴スキルです。逆に、聴き手にこれらの動きがないと、話し手は不安になったり、話をする気を削がれたりします。

これらは、「うんうん」「それで、それで」「そうなんですね」「ほぉー」というような簡単なものですが、話し手のリズムに合わせてすることによって、相手の頭の中の世界に迫っていくような話が引き出すことができます。

❹ 繰り返すスキル（オウム返し）

　オウム返しというと、ちょっとネガティブなイメージを連想する方もいるかもしれませんが、意外にもこれは、傾聴のためのキーとなるスキルです。

　このスキルをしっかり使える習慣が付くと、話し手のあなたへの信頼感は、「聴いてもらっている」というレベルから、「私のことをわかってもらっている」というレベルになります。ただのオウム返しではなく、これを傾聴のスキルとして効果を発揮させるためには、リピートするときの心の込め方にポイントがあります。

　例えば、「この時とてもつらかったんです」に対し、「とてもつらかったんですね」と繰り返すだけですが、これを淡々とやると、相手の気分を害するケースも起こってきます。一方、この言葉に、共感の感情がしっかりこもることによって、相手からの信頼感は大きく向上することになります。

❺ 相手の話に興味を持つ

　相手の話に興味を持つことによって、相手の頭の中の世界を探索するための質問も自然に出るようになってきます。また、相手の話に興味を持つ態度は、しぐさや目の動き、姿勢など非言語のコミュニケーションとなって、表面に表れます。人間は、元来感覚の鋭い動物なので、これらの言葉にならないメッセージを感じて、相手の気持ちを読み取ります。

❻ 相手の話をさえぎらない

　相手がまだ話し終わっていないのに、関連した話をかぶせるように話し始めることは、相手の話す意欲を著しく削ぐことになります。これは、傾聴という点では最もやってはいけないことの１つです。自分の話をしたくなる気持ちもわかりますが、いったん相手が伝えたいことを受け取ってからにすると、コミュニケーションは、より生産的なものになるでしょう。

　このように、傾聴の基本は、決して難しいものではありません。意識すれば誰でもできることです。ただし、この「基本をちゃんとやる」ということが、意外とできていないのが実際だったりします。一度やってみて、人の話を聴くときの自分の習慣を確認してみてください。

　うなずき、あいづちなどの動きがあまりなかったり、本当は、ちゃんと聴いてあげることが大切なタイミングで、相手の話をさえぎって、つい自分のことを話し始めてしまうなど、人によってさまざまな習慣があります。この傾聴の基本に外れる習慣を断捨離する意識を持つことも大事です。

　また、もう１つのチェックポイントは、「いつもできているか？」ということです。

　１日の全体の会話のうち、どれくらいの割合でこの基本が行えているでしょうか？　気分の良いときはできているけれども、忙しいときや、ちょっと虫の居所が良くないときなど、ついつい笑顔がなくなったり、あいづちもなく、相手の話を黙って聴いているだけになったりしがちです。しっかりと習慣化すると、こんなモードの時も自然と傾聴の基本ができるようになってきます。

例え気分がさえないときでも、無意識のうちに笑顔やあいづちをしているレベルが習慣化になっているレベルです。

目の前にこんなことができる人がいたら、あなたはどう感じるでしょうか？　この習慣化は、人間関係構築において、すごい財産となります。

さらに大事なこととして、**「意識がどういう状態か？」**ということがあります。

話しながら、自分のことに意識が向いているのか？　それとも、相手のことに意識が集中しているのか？　自分自身のことに意識が向いていると、上記の傾聴の基本が疎かになります。場合によっては、相手の話を取ってしまうことなども、やってしまいがちになります。一方、相手のことに意識が集中していると、傾聴の基本がスムーズに行えるようになり、さらには相手の頭の中の世界を探索するための質問も、自然に出てくる状態になります。**傾聴がちゃんとできるかどうかは、スキルも大切ですが、このように意識や、コミュニケーションにのぞむ姿勢が最も大切なことなのです。**

人の話を聴くときの習慣は、あなたが長い年月をかけて身に付けたもの。修正を加えていく必要があると感じた方は、まずは「知っている」から「やれる」という段階を、意識して続けていくことから始めてみてください。

この傾聴の習慣は、必ずあなたの強力な武器になります。ビジネスパーソンとして、仲間として、親として、この習慣がその集団の中での人間関係をより豊かなものとしてくれることは間違いありません。

Column 6

なぜマネージャーが育たないか

　人材育成および組織開発のコンサルタントとして、企業の方々と関わっている時に、ほとんどのケースにおいて、課題としてご相談いただくのが、マネージャー育成についてです。役職で言えば、課長とか係長とかの、いわゆる"現場マネージャー"のマネジメント力を如何に育てるか、という課題です。

　この現場マネージャーのみなさんは、多くの場合、現場の人間としての力量や業績を認められて、何人かの人間を管理するマネージャーのポジションを与えられます。言わば、その現場のスペシャリスト。よくあるのは、現場のスペシャリストの頃は、まわりから見ても輝いていたし、本人のモチベーションも高かったけれど、マネージャーのポジションになってからは、何だか輝きを失ったようになって、モチベーションも急激に下がっているように見える、というケースです。

　これは、マネージャーになる準備ができているかどうかの確認なしで、現場での業績だけを基に昇進される場合によく起きます。そして、いざそのポジションに就いてみると、マネージャーとして部下を上手くまとめられなく、どうしたらいいかわからなくなっている。
　これは、ほとんどの企業で起こっていることです。

　部下をまとめられない要因は、マネジメントやリーダーシップについての適切な理解があまりないまま、マネジメント業務をやらなければいけない状態であること、そして、部下との世代間ギャップを埋め

るコミュニケーションができないことなどが、主な理由です。

　そして、こうなると、苦手意識のあるマネジメントの部分を極力避け、得意分野である現場作業の方に時間を使うようになります。その時間の方が楽しいですし、自分のプライドも保てるからです。

　しかし、こうなると、マネジメントの部分はどんどん疎かになり、チームは崩壊していきます。これは、特にIT関連であるとか、製造業など、従業員の職人気質の高い職種において起こりがちです。

　一方、マネジメントというと、小難しいマネジメントの本を読んだり、海外や国内のマネジメントスクールで勉強したりしなければならないと思いがちですが、現場マネージャーの段階ではそんなレベルまでは必要ありません。まずは、チームメンバーと接するときの意識の向け方や、コミュニケーションの習慣を変えてみるところから始めればいいのです。

04 相手を承認する習慣

　これからお話しすることは、コミュニケーションの基本中の基本のことでもあります。そもそも基本とは、最も大切なことを凝縮させたもの。だから、これからお伝えすることは、コミュニケーションで最も大切なことと言えるかもしれません。

　それは、**相手を承認する習慣**です。

　基本中の基本なだけに、それだけ奥深いのが、この承認という習慣。そして、できている人と、できていない人がハッキリわかれるのも、この習慣です。このことだけで、本が数冊書けてしまうくらいのテーマでもあります。

　実は、私がサラリーマン時代、部下のみんなに対し、この承認の習慣を持って接することができなかった痛い思い出があります。1人1人を承認もせず、上司であるというポジションのパワーだけで、チームをマネジメントしようとしていた典型的な勘違いタイプでした。そのため、相互信頼が構築できず、チームのやる気が欠乏した状態が続きました。

　逆に、上司が承認の習慣をしっかり持っていれば、相互信頼を深めることができるだけでなく、部下の潜在力を引き出し、チームとしてのダイナミクスを発揮することもできるのです。

　承認とは、相手を認めること。相手の行動、相手が残した成果、相手の能力、相手の価値観、そして相手の存在そのものを認める。

承認について、まず大事なことは、**相手をしっかりと観察すること**。あなたが上司であれば、部下のことを日頃からしっかりと見ていてあげること。部下の言動、部下の行動、部下が上げている成果、まわりの人が受けている印象などなど。そして、しっかりと観察していると、気付くことが出てきます。その中で、部下に伝えたいと感じることを伝える。

　伝えるときは、**ちゃんと事実を伝えること**。これが、承認するためのプロセスです。

　これは、子育てや夫婦の関係など、その他すべての人間関係についても同じです。

　上司が日頃から部下をしっかりと意識して見ていると、例えばこんな承認のコメントが自然に出てくるようになります。

「お得意への提案を勢力的に取り組んでいるね」

「提案のときの資料の作り方に工夫をしているね」

「君の諦めない姿勢を見ていると、こちらも刺激されるね」

「君がまわりをフォローしてくれて、とても助けられているよ」

　このような、ちょっとした承認の言葉をかけることで、「**自分のことをしっかりと見てくれている**」という気持ちが相手の中に起こり、こうしたコミュニケーションの積み重ねが、お互いの信頼関係を築いていきます。そのためには、部下のことを日頃から「しっかりと見ている」ことが何よりも大切です。

　一方、**承認は、褒めることとは異なります。**褒めることには評価が伴うからです。つまり、"良い悪い"の概念が入るのです。このように評価が入ることにより、有効な場合とそうでない場合が生まれます。

特にできる部下の場合は、相手をコントロールする意図を持って褒めたりすると、逆に信頼を失う結果になったりします。できる人は、自分が褒めて欲しいポイントがピンポイントなので、ここを外した褒め方をすると、「そこじゃないんだよな。まったくわかってないよな」というような結果になったりするのです。

承認がちゃんとできるかどうかは、スキルの問題ではなく、**承認したいポイントはどこか？を探し続ける心の持ち方がキーになります。**しっかりと観察して、相手に伝えたいことが自然に出てきたら、事実を伝える、これだけのことがちゃんとできればいいのです。

もしあなたに、関係性を高めたい部下がいるとしたら、最初は、意識してこの承認プロセスをやり続けてみてください。毎日少しずつでもいいです。やがて、意識せずとも承認の言葉を相手にかけている自分に気が付くはずです。

✔ メールにすぐに答える習慣

ここで、承認に関連した2つの習慣をご紹介します。

1つ目は、**メールにすぐに答える習慣**です。

組織で仕事をしていると、毎日山のようなメールを受け取ります。中には、お得意様からのメールや重要度の高いメールもあることでしょう。そんな中、部下のみなさんからのメールに対してどう対処しているでしょうか？　どうしても遅れ気味になるという方もいると思います。そんな方におすすめなのが、メールにすぐに答えるという習慣です。

しっかりとした返事を送る必要はありません。「とにかくメールを受け取った、ちゃんとした返事は後程あらためてする」というメッセージを返すだけでいいのです。

これだけで、相手はあなたにメールの内容が伝わっているということを確認でき、安心するのに加えて、いつもちゃんと受け取ってくれている、いつも気にかけてくれているという信頼感が増します。

✓ やっていることを止め、話を聴く姿勢を取る習慣

もう1つは、部下が、報告や連絡や相談に来た時に、**やっていることをいったん止め、話を聴く姿勢を取る習慣です。**

よくあるのが、せっかく部下が相談のために上司のデスクに来ているのに、PCの画面を見つめながらとか、書類を読みながら対応してしまうようなケースです。忙しいのはわかりますが、これをやると、相手は「私の話より、このPCの作業の方が大事なんだ」と感じてしまいます。これでは、相手への承認感がまったくありません。特に女性の方はマルチタスクに向いている性質なので、こういうことをやりがちな傾向があります。

本人は、部下の話をしっかり聴いているつもりでも、部下は、「きちんと話を聞いてくれないんだな」と思ってしまいます。

部下が自分のところに来たら、やっていることをいったん止め、少し身を乗り出しながら、「話をちゃんと聴くよ」という態度と姿勢を見せる。そして、しっかりと傾聴してあげることで、**部下の気持ちの中の承認感が高まり、信頼感のある人間関係が築かれていきます。**

そして、どうしても忙しくて、対応できないときは、「報告ありがとう。ごめん、今は話ができないので、○○分後にまた来てくれる?」とハッキリ伝えればいいのです。

181

05 目的論で考える習慣とは

✓ 「なぜ？」という質問をどう使い分けるか

次は、企業研修で参加者のみなさんによくお伝えしている、とても大事なことです。**目的論で考える習慣**と言います。

トヨタが持つノウハウとして、現場で起こっている事象の原因追求のために、「なぜ？」を5回問うというやり方があります。元副社長大野耐一氏が著書『トヨタ生産方式』の中で「1つの事象に対して、5回の『なぜ』をぶつけてみたことはあるだろうか？」と言ったことが、始まりとされています。

トヨタでは、これを習慣になるまで徹底させるといいます。これは、問題の真の原因に到達し、問題の再発を防止するめに、非常に優れた方法です。このように、仕事ができる人は、この「なぜ？」という問いかけが、習慣として身に付いています。だから、問題が起こると無意識レベルでこの"なぜ？"という思考が動き始めます。

ここで、あなたが資料へのデータ入力ミスをしてしまったと想定してみてください。

その資料はすでに関係者の手に渡り、それを基にした作業が進んでしまっていることが判明しました。すぐにも上司に報告しなければいけません。そして、上司の元に向かいました。

以下、その部下になったつもりで、読んでみてください。

あなた：「すいません。〇〇の件で入力ミスをしてしまい、多方面にご迷惑をかけています。」

上司：「影響を最小限に留める対策は打ったのか？」

あなた：「それはすでに打ってあります。」

上司：「ところで、**なぜ**そんなことになったんだ？」

あなた：「午後の作業で、少し集中力を欠いていたのかもしれません。」

上司：「午後は集中力が低くなることはわかっているだろう。**なぜ**その対策ができていなかったんだ？」

あなた：「眠気覚ましにコーヒーを飲んだりはしていました。」

上司：「そんなくらいでいいのか？　**なぜ**もっと徹底的に対策を取らないんだ？」

　あなた：「問題なく業務はできるかと……」

上司：「その結果ミスが起こったじゃないか。**なぜ**そんな姿勢で取り組んでいるんだ？」

あなた：「いい加減な姿勢では取り組んでいません。」

上司：「では、ミスをすることによって、まわりにかかる迷惑**なぜ**ちゃんと想定できていなかったんだ？　できていれば、もっと慎重に業務を進めたはずだぞ。」

あなた：「……」

　さて、この会話をどう感じたでしょうか？

　再発防止に対してやる気になる？　そんな訳がないですね。むしろ、何か詰問をされているような感覚になったのではないでしょうか？　何か、四隅にどんどん追い込まれていくような感覚、それがこ

のやり取りにはあります。

反省の気持ちはあるものの、このやり取りが進むにつれて、防衛本能が出てくるとともに、モチベーションはどんどん落ちていく。上司の方は、再発防止の意味も含めて、「なぜ?」を繰り返しています。しかし、これを5回もやっていると、**やがて相手の人格否定が始まります。**そして、再発防止どころではなくなります。

しかし、これに近いやり取りは、会社や家庭を始め、世の中の至る所で行われているのが現状です。
では、一体どうしてこれが良くない結果を生むことになるのでしょうか?

念のために、この話は、トヨタの5回の「なぜ?」というやり方を否定するものでは、決してありません。トヨタの5回の「なぜ?」は、世界に誇る素晴らしい習慣です。ただ、**この5回の「なぜ?」を使う場面を間違えているだけなのです。**
元々、この5回の「なぜ?」は、機械やシステムについての不具合などの真の問題を究明し、再発防止のために生みだされた考え方です。それを、**人に対して使ってしまっているのが、間違いのもとなのです。**

「なぜ、この部品に金属疲労が起こった?」という感じに使うべきものを、「なぜ、あなたはそんなことをやった?」という使い方をしてしまうことに、誤りがあるのです。
そもそも「なぜ?」という質問は、非常に強い質問です。このため、人に対して繰り返すと、詰問のような状態になります。そして、

この質問を受ける方は、やがて防衛本能から、心のガードを固め、逆に真実のことが出てきにくい状態になります。このため、コミュニケーションにおける承認の感覚や、共感の感覚から、お互いを遠ざける結果となります。これは、上司や親としてはベストとは言い難いコミュニケーションです。

一方、ビジネスにおいて非常に大切とされる能力は、問題発見と問題解決と言われています。「なぜ？」は、この問題発見のための最高のツールとして使われます。仕事のできる人やロジカルシンキングなどを学んだ人は、この質問を使うのが習慣になっています。だから、**仕事のできる人ほど、この質問を使いがちなのです。** そして、それを同じように、部下の人為的ミスにもどんどん使っていく人がいます。

実際に、ビジネススクールでロジックを鍛えてきたMBAを取りたての新任マネージャーたちなどが、よくこれをやらかして、部下との関係を悪化させていくのを数多く見てきました。そのとき、前述のようなコミュニケーションが生まれ、残念ながら、人間関係の崩壊が起こるのです。

✔ 視点を変える

では、どうしたらいいのか？ ここでも、**「視点を変える」** ということが解決のキーです。

「なぜ？」は、原因追究の質問です。原因を追究するということは、その視点は過去に行っています。過去に行って、現在起こっていることの原因を探しています。これは、言わば、過去のほじくり返しの質問です。これを人に対して行うと、言葉は悪いですが、「犯人捜し」

のようにもなります。このため、人は、心をガードしたり、体をこわばらせたりする状態になるのです。

　ここで視点をちょっと変えてみるとどうなるか？

　視点を過去から未来に持っていきます。やりたいことは、再発防止をし、未来をより良くすることだからです。未来に視点を持っていくと、「なぜ？」という質問はどうなるでしょうか？　そう、**「どうしたら？」**という質問になります。英語で言うと、Why? が How? になるということです。ここで、先ほどの例を「どうしたら？」を、使ったやり取りにしていきましょう。

　これも、あなたが、ミスをしてしまった部下になったつもりで、読んでみてください。

あなた：「すいません。○○の件で入力ミスをしてしまい、多方面にご迷惑をかけています。」

上司：「影響を最小限に留める対策は打ったのか？」

あなた：「それはすでに打ってあります。」

上司：「OK。ところで、今後**どうしたら**いいと思う？」

あなた：「午後は集中力が落ちるので、できるだけ午前中にやるようにしたいと思います。」

上司：「他に**どうしたら**いい？」

あなた：「○○くんの協力を得て、ダブルチェックをするのはどうでしょうか？」

上司：「うん、良さそうだな。何か力になれることはあるか？」

あなた：「○○くんへの協力要請をお願いしてもいいでしょうか？」

上司：「よし、わかった。」

　いかがでしたでしょうか？　ミスをして、これからリカバリーをし

ていかなくてはいけない立場として、この会話によって、どんな気持ちになったでしょうか？　そして、先ほどのやり取りと比べ、再発防止の確率はどちらが高くなりそうでしょうか？

おそらく、「なぜ？」と問われたときの自己防衛的感覚から、今度はもっと自主的に解決をしようというモードになったのではないかと思います。

この「どうしたら？」という考え方を、**目的論で考える**と言います。これは、アルフレッド・アドラーが提唱した考え方で、フロイトやユングの原因論とは対極をなすものです。

フロイトやユングの心理学は、どちらかというと精神的にダメージを負った人が対象になるケースが多く、そのための療法として、トラウマ治療などの原因論が採用されます。これは、トラウマなど、過去に原因を見つけ、それを治療するやり方、まさに問題発見、問題解決の手法です。

一方、アドラーの提唱する心理学は、どちらかというと、精神的に病んでいない人が対象になることが多く、この場合は、この「どうしたら？」という、未来の可能性を追求する目的論の方がフィットするのです。

ある生産メーカーの社内は、以前、原因論での人為的問題の追及が頻繁に行われ、「なぜやったんだ！」と、人のモチベーションを下げるコミュニケーションが散見される状況でした。職人肌の技術者の方が多いため、自然と「なぜ？」の質問が、人為的問題の件についても及んでいたのです。

その会社の社長から直接依頼をいただき、企業研修の場で、この会社の多くの方に、**目的論で考える習慣**を身に付けるためのプログラムを体験していただきました。みなさん最初こそはとまどっていたものの、実践的な演習を繰り返すうちに、この目的論の視点が、自分たちに本当に必要な視点であることを深く実感されました。

　やがて、社内でこの目的論が合言葉のようになり、「どうしたら？」という、未来を開くコミュニケーションが活発に行われるようなりました。結果、上司と部下の人間関係や、社員のモチベーションがしっかりと向上し始めたのです。担当者の方からのお話でも、社内の雰囲気も明らかに変化し始め、自由闊達なコミュニケーションが行き交う会社になったということです。

　なお、企業研修等でこの話をすると、「なぜ？ を言わなければ、人は原因を追究しなくなるのでは？」という質問をいただきます。その懸念が出る気持ちはよくわかります。みなさんのビジネス脳が、原因追究をしないと不安になる状態をつくり出すからです。
　これは大人に限った話ではありません。子どもでも自ずから原因を追究し、積極的に解決案を考えるようになります。

　ですが、ご心配にはおよびません。「どうしたら？」という質問をした時点で、相手は勝手に原因追究をし始めます。そして、その原因追究した情報を基に、未来への解決案を導き出すのです。

　この会社のように、あなたが属している会社や集団が、目的論で考える習慣を持った会社や集団になったら、どんな雰囲気の中で毎日の

仕事に取り組めそうでしょうか？ この目的論で考える習慣、まずあなた自身から始めてみるのはいかがでしょうか？

また、この習慣が身に付くことのもう1つのメリットは、**潜在意識レベルで前向きで、ポジティブな人間になっていく**、ということです。過去を振り返っているばかりではなく、未来に関するたくましい発想と、それを達成するための歩みを続けることのできる人間になっていきます。

アドラーの目的論の教えは、これから、企業や教育現場、子育てなど、さまざまな場面でさらに注目されていく考え方になっていくでしょう。それは、アドラー心理学の主目的が、人が自立していくことに最も大切な、**自主決定性**を育むことにあるからです。

「なぜ？」ではなく「どうしたら？」と考えれば、解決策が見えてくる

Check Lists

☐ 傾聴の習慣によって、コミュニケーションの質が大きく向上する

☐ 相手を承認するには、まず相手をしっかり観察する

☐ 承認は、褒めることとは異なる

☐ 承認の習慣は、コミュニケーションの質を高めるための最も基本となる習慣

☐ メールにすぐ答える習慣で、部下への承認力が高まる

☐ やっていることをいったんやめ、話を聴く姿勢を取る習慣が、信頼関係を高める

☐ 仕事がデキる人ほど、原因論に入りがちになる

☐ 目的論で考える習慣で、よりポジティブになり、自己決定性の高い人間性を身に付けることができる

心の習慣

01 お金は幸福感に どのくらい影響するか

さて、ここからは心の習慣について扱っていきます。

心の持ち方で、世界の見え方も変わります。反対に、「世界をどう見るか」という点を変えることによって、心の状態も大きく違ってきます。

ここでご紹介する習慣は、現代を生きるビジネスパーソンの必須能力と注目されるレジリエンス力（しなやかでタフな心の力）を高めてくれる習慣でもあります。レジリエンス力が高まると、プレッシャーやストレスの多い環境を、しなやかに、そして力強く乗り越え、自分らしく生き生きと活躍することが可能になります。心の時代と言われる21世紀を生きる上で、みなさんにぜひ知っておいていただきたいことが盛りだくさんの最終パートとなります。

本書を手にしている方の多くは、すでに豊かになった時代に生まれてきたみなさんだと思います。

高度経済成長期以降、わたしたちは十分な豊かさを手に入れました。しかし衣食住に困る人がほとんどいなくなった今、**生きることの充実感や幸福感は、この物質的豊かさに比例しているでしょうか？**

あるドキュメンタリーでは、ニューヨークマンハッタンの街頭で、「幸せになるためには？」という質問をしたところ、ほとんどの人たちは「お金持ちになること」と答えていました。これは、マンハッタ

ンという土地柄もあるのでしょうが、多くの人は、お金持ちになる ⇒ 物質的に豊かになる ⇒ 幸せになる、と思い込んでいるようです。

一方、『happy - しあわせを探すあなたへ』という映画の中に出てくるあるアメリカでの調査では、お金などの物質的豊かさ、社会的地位が、幸せという感覚に貢献する度合いは、10％にも満たないというデータがあります。

✓ 年収7万5千ドルの以上の幸福度

また、2002年にノーベル経済学賞を受賞したプリンストン大学のダニエル・カーネマン教授と、2015年に同じくノーベル経済学賞を受賞したアンガス・ディートン教授の研究によると、世帯年収が75,000ドル（900万円前後）以下では、収入のアップと幸せな感覚の

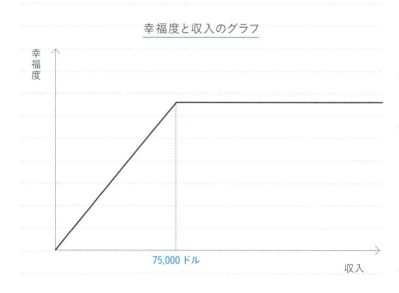

幸福度と収入のグラフ

アップは比例するのに対し、それを超えるとその傾向がなくなると報告しています。このとき（2008年）の米国の平均収入は、71,500ドル。平均収入値あたりに至るまでは、収入アップと幸せな感覚は比例し、それを超えると、お金の影響はほとんどなくなるということです。

また、ある調査では、水道も電気もガスもない環境で暮らすタンザニアの遊牧民と、米国の大富豪の幸福度は、たいして変わらないと報告されています。人にはある程度の物質的豊かさが必要なのですが、**物質的豊かさが幸福度の主要な決定要因ではない**ということが言えるわけです。

02 心を安定させる習慣

　将来への何とも表現しがたい不安や焦燥感、人は誰しもこういった
ものが心の中のどこかにあるかもしれません。逆に言えば、これがな
い人の方がかなり珍しい。これは、これまで何千人という方々の心の
問題を扱ってきた、メンタルコーチ、講師として断言できます。

　ここでやっかいなのは、「漫然とした」という部分。つまり、**その
不安の正体がわからないのです。** これは遊園地のお化け屋敷といっし
ょで、中に何がいるのか前もってわかっていれば、怖さも半減しま
す。何がいるかわからないから怖いのです。

　この漫然とした不安というのは、典型的な現代病。昔は、食料を確
保するにも、火を起こして食事をつくるにも、そしてちょっとした日
常のことをするにも、大きな労力と長い時間がかかりました。意識が
これら日常のことに向いている時間が、圧倒的に長かったわけです。
一方、現在はそれらのことに時間も労力もかからない。ショッピング
センターやスーパーに買い物に行けば、ほぼ何でも手に入れられる。
そして、家電製品のボタン1つ押せば済むことだらけです。
　つまり、昨今は余分なことを考えていられる時間が、格段に多くな
ってきているのです。

　人間、余分なことを考え出すと大変です。**人間というものは元来、
放っておくと、事を良いように考えず、要らぬ心配をしがちな性質を**

持った生き物だからです。それがエスカレートしていって、どんどん不安な状態に陥っていきます。さらには、虚無感や無価値観にまで発展するケースも出てきます。

昔は、四の五の言わず体を動かし、行動しないと生きていけない時代だったので、要らないことを考えている余裕などなかった。それに対して、飽食の時代を迎えた現代は、豊か過ぎることが心の問題を多発させる一因になっているのです。

そんな背景があるからこそ、体や運動の習慣と同時に、心を安定させ、強く持つための習慣をお伝えしていきたいと思います。

ここでキーになってくるのは、**"ストレス"**です。仕事に真面目に取り組むことは、本当に大事ですが、頑張り過ぎて、ストレスを溜めこむことは、心と体に大きな支障をきたす要因となります。特に、**頑張り屋さんほど、ストレスに気付かない**。そして、気付かないうちに、ストレスがじわじわと心の奥に入っていくのです。

また、病気の原因の大半は、このストレスによるものとも言われています。人生はロングラン。漫然とした不安やストレスを軽減し、健全で安定した心の状態で、気持ちよく走り続けるために、心の習慣が大きく役に立ってくれることでしょう。

✔ とらえ方次第で世界が変わる

人生にはいい時期も、つらい時期もあります。仕事が上手くいく時期もあれば、そうでない時期もあります。いろいろな局面、局面で、人間にはさまざまな感情が動き、それが心に影響を与えます。

そんな中、心を安定させ、不安を解消し、ストレスを軽減させるにはどうしたら良いでしょうか？　旅行やレジャーなど、適度に息抜きをする？　もちろん、それも大事です。それによって、ストレスの「ガス抜き」ができるので、良い状態にリセットされます。ただ、息抜き、ガス抜きの後、現状のリアルさに戻ると、また同じ心理状態になってしまうのが現実です。だから、**普段の生活から、心を安定させる習慣を身に付けることは、有効な抜本対策となります。**

　心の習慣を考えるとき、「現状がどうであるか」よりも「現状をどうとらえるか」の方が重要だったりします。この後、詳しくお話ししていきますが、このことは本当に重要です。

　例えば、同じ会社の同じ部署で働いていても、会社や部署に対して不平不満を言い続けている人もいれば、同僚との関係も良好で、とても楽しそうに仕事をしている人もいます。同じことが起こっても、それをポジティブに感じる人もいれば、ネガティブに感じる人もいます。この違いが起こってくるのはなぜでしょうか？

　大きな点は、それぞれの人が、まわりの環境や起こっていることに対しての**とらえ方が違う**ということです。物事をどう見るか、どうとらえるか、つまり、**起きていることは同じでも、認知の仕方次第で出てくる感情が変わってくるということなのです。**

　これは認知心理学という分野のお話になるのですが、例えば「世の中はよいもの」ととらえる人と、「世の中はよくないもの」ととらえる人では、目の前に同じことが起こっても出てくる感情は違ってきます。世の中が不景気でも、よいものととらえる人は、明るい気持ちを保ちやすい。

　一方、よくないものととらえる人は、自然と暗い気持ちが強くなる

でしょう。こういう人は、たとえ景気が良いときでも、わざわざネガティブなポイントを見つけて、暗い気持ちになったりします。

この構造を上手く説明したモデルがあります。1900年代中盤に、アメリカの心理セラピストであるアルバート・エリスが提唱したABC理論というモデルです。

　A：Activating event（出来事）
　B：Belief（信念、価値観）
　C：Consequence（結果）

A（Activating event）は、起こっている出来事、B（Belief）は、その人が持っている信念や固定概念、つまり、もののとらえ方の習慣、C（Consequence）は、それによって引き起こされる感情や、感じる世界観です。

先ほどの例でいくと、起こっている出来事（A）は、不景気。信念や価値観（B）は「世の中は善いもの」。結果引き起こされる感情（C）は、「でも幸せ（バラ色）」。
　このときのBは、例え不景気の中でも、ストレスの少ない状態をつくり出す信念や価値観です。

もう一方の例でいくと、起こっていること（A）は同じ不景気、信念や価値観（B'）は「世の中は善くないもの」。結果引き起こされる感情（C'）は、「やっぱり灰色」。
　このケースは、ストレス度がかなり高そうです。やる気やメンタルの状態も良いとは想像できません。

人の気分や感情は、起こっている事実に影響されますが、自分の持っている信念や価値観というものの方が、さらに強い決定要因となっているのです。つまり、**自分の気分や感情は、自分自身のとらえ方がつくり上げている**と言えるのです。これはまわりからの影響よりもはるかに大きなものなのです。

　あなたがその感情になるワケは？　このことをよりリアルに感じるために、ビジネスシーンの中での例を見ていきましょう。できればしばらくの間、次の話の登場人物に成り切って、その感情を感じてみてください。

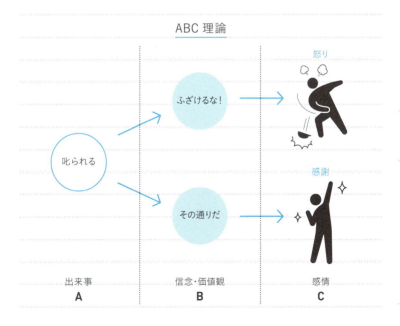

あなたが会社員で、あなたの会社の新しい方針を決める重要な会議が開かれているとします。そこでは、営業上の戦略や、製品やサービスの打ち出し方などさまざまな議題が話されています。

あなたは、新しい広告の案を提案する担当。多くのみなさんを前に、練りに練ったアイデアをプレゼンテーションします。この2日はまともに寝ていません。緊張のあまり、のどが渇き、心臓の鼓動を強く感じます。一方、提案するアイデアには自信があります。市場調査も念入りに行い、顧客の感じていることもしっかりと把握した上での提案です。プレゼンテーションは順調に進んでいると感じていました。そこで突然、あまり交流を持ったことのない他部署の人間が手を挙げ、発言しました。

「その広告が具体的にどんな成果を上げるかが、今1つ明確に伝わってこない。」

さあ、あなたにはどんな感情が湧き上がって来るでしょうか？ 起こり得ることをいくつか挙げてみます。

　①「ふざけるな、他部署のあなたに何がわかるというのだ。」
　②「困ったな。もう他に手を挙げる人間がいないといいのにな。」
　③「鋭いところを突かれたな、真剣に聞いていてくれるんだな。」
　④「確かにそうだな。そこを明確にするとさらに良い案になるな。」

あなたに起こった感情は、どれに近いものだったでしょうか？ あなたのプレゼンテーションの最中に他部署の人間から発言があったという出来事。状況は同じでも、人によって反応が異なってきます。

200

①の場合、あなたの感情にあるのは"怒り"です。

この怒りの原因となった信念や価値観はさまざまですが、「反論を言う人は、自分に敵意のある人である」とか、「頑張ってやってきた人間には、まず尊重の態度を取るべきである」なども考えられます。いずれにせよ、ここでは負の感情を巻き起こすような信念や価値観が存在していると考えられます。

②の場合、あなたの感情にあるのは**"焦り"**です。

この焦りの原因となった信念、価値観としては「完璧であることが大事」や「失敗すると取り戻せない」などが考えられます。これ、結構多くの人、特に多くの日本人が持っている価値観です。この価値観の良い悪いは別として、これも負の感情を起こしやすいものであることは確かです。

③の場合、あなたの感情にあるのは**"喜び"**です。

信じられない人もいるかもしれませんが、この場合、心の奥底にあるのは、この喜びなのです。この喜びをもたらした信念、価値観としては「仕事は楽しむ場である」や「侃々諤々やるからこそ、事は発展する」などが考えられます。

④の場合、あなたの感情にあるのは**"感謝"**です。

この感謝をもたらした信念、価値観としては「いろいろな人の意見をいただくことは貴重なことである」や「人は完璧でないからこそ、お互い助け合う」などが考えられます。

これ以外のパターンも数多くあると思いますが、同じことを経験しても、信念と価値観の持ち方次第で、負の感情になる場合もあれば、

豊かな感情になる場合もあるということです。

　負の感情が起こる①と②のパターンの場合、あなたのストレス値は上昇します。そして、トゲトゲした感情の状態になっているので、その発言者との関係を始め、まわりとの人間関係にも負のインパクトが起こってくる可能性があります。

　一方、③と④のパターンの場合、ストレスはあまり上昇しないでしょう。豊かな感情があるので、自ずとまわりとの関係も良好になっているはずです。また、世の中、①と②のパターンの人が大多数を占めるので、③と④のパターンの人の反応は、まわりの人から見ても希少価値が高く、それゆえ好感度も上がります。

　①と②のパターンの人たちの場合、③とか④のパターンは信じられないかもしれません。あるいは「無理してそう考えようとしているのでは？」とも思うかもしれません。それは、①や②の信念や価値観が深く染み付いているから、そう思うのも当然なのです。③とか④のパターンは少数派かもしれませんが、この人たちからすれば、逆にどうして①と②のようにネガティブになるのか理解できなかったりします。

　さて、ここで①や②のような負の感情が起こりやすいとらえ方（信念や価値観）を「消極的なとらえ方」、③や④のような豊かな感情が起こりやすいとらえ方を「積極的なとらえ方」という言い方をしたいと思います。
　この場合の積極的とは、人生を創り上げていくために積極的なとらえ方かどうかということです。消極的とはその反対。消極的なとらえ

方は、ネガティブな視点を多く含み、まわりや世間の常識を基にした決めつけ（閉鎖性）や、自分自身やまわりの人間への信頼の薄さが表れており、さらには未来への明るい視点が少ないことに特徴があります。

消極的なとらえ方は非生産的です。そして、消極的なとらえ方の最大の特徴は、「自分だけにベクトルが向いている」という点にあります。自分が上手くやるとか、自分のメンツを保ちたいとか、意識が自分のことに集中しています。

一方、積極的なとらえ方は、ポジティブで、柔軟性があり、自分自身やまわりへの信頼感が感じられ、未来への明るい視点を持ちます。積極的なとらえ方は、とても生産的なとらえ方です。そして、積極的なとらえ方の最大の特徴は、「自分を超えたものにもベクトルが向いている」という点にあります。

自分が会議で格好悪いとか、恥をかくというところよりも、自分のまわりの人たちと会社のために、この企画をより良い形で実現したいというような点に意識が集中しています。それゆえ、他部署からの発言が、多少キツイものであっても、批判ではなく、良くするための意見として素直に受け取れるのでしょう。

潜在意識の中の思い込みをどうコントロールするか？

とは言え、①や②の人からすると、「そんなことを言われても、そういう風にとらえることが染み付いているから、どうしようもないじゃないか！」とか、「普通こういう風にとらえるよね」などと言いたくなるかもしれません。ここで、本書にてすでに何回もお伝えしてきた大切な前提を思い出してください。

それは、「信念や価値観は、それまでの経験によって生み出された
もので、あなた自身ではない」ということです。信念や価値観は、心
の習慣によって、より望ましい形にしていくことが可能なのです。

　その消極的なとらえ方は、あなた自身ではなく、後天的につくられ
たものだから、後天的につくり変えることもできるということです。
とても大事なことは、「信念や価値観は、事実とは違う」ということ
をちゃんと理解しておくこと。これらは良いも悪いも思い込みなので
す。つまり、潜在意識の中にある思い込み（信念、価値観）をどうコ
ントロールするか、ということが心を安定させ、日常レベルでストレ
スを軽減するキーなのです。

　「現状がどうであるか」よりも「現状をどうとらえるか」の方が重要
だという意味は、このことです。「社会がこうなってくれたら」と
か、「あの人がもっと変わってくれたら」とか、「身の回りの人間がこ
ういう考え方を持ってくれたら」などと思う気持ちは誰にでも出てき
がちですが、環境を変えようとしたり、相手を変えようとしたりする
のは難しい。なぜなら、それは私たちのコントロール外にあることが
多いからです。だから、まず自分ができることからやってみる。それ
は、自分自身のとらえ方、考え方を事が上手く運ぶ方向に積極的に変
えてみることです。

03 積極的なとらえ方をする習慣

✔ 自分自身に問いかけてみる

　心の習慣は、豊かな感情が自然に出てくるような信念や価値観を培うことで、日々のストレスを軽減し、人間関係や未来への見通しをより明るくしていくものです。では一体どうやるのか？　キーはこの問いにあります。**「その考え方、とらえ方は積極的か？」**

　何か出来事があって、自分の望まない感情がたくさん出てきたら、そのときあなたが持っている信念や価値観が何なのか確かめてみるのです。そして、それが積極的かどうか、次のように確かめてみてください。

- そのとらえ方は、人生をより良くするために積極的か？
- そのとらえ方は、生産的か？
- そのとらえ方をするとき、意識のベクトルは、自分だけに向いているか？

　こんな投げかけをしてみると、あなたが持っている信念や価値観の正体がわかります。そして、それを変えた方が得策だと思ったら、次はそれを自分の意志で変えていくこと。
　例えば、先ほどの①の場合、自分の中にある消極的なとらえ方が、「反論を言う人は、自分に敵意のある人である」だとわかったとしま

す。これは敵対関係をつくりやすいとらえ方で、生産的とは言い難い。人生をより良くつくり上げていくために積極的とも言えない。そして、相手の発言の本質をちゃんと理解しようとしない決め付けがそこにあり、ベクトルは自分に向きまくっています。それゆえ、豊かな感情を生みだすとは考えにくい。

ここで大事なことは、**これをそのまま放置しておく選択肢を取るか、それとも積極的なとらえ方に変えていくことを選択するかです。**

そして、選択したら次は、これまでそのとらえ方をしていた自分をダメと思わないこと。これ、とても重要です。ダメを出し続けたままでは、ずっとそこに留まります。これまでそんなとらえ方をしていた自分にもOKを出すことで、変わっていくための勇気が自分の心の底に湧いてきます。

次に重要なことは、決して急激に変えようとしないこと。

例えば、「反論を言う人は、自分に敵意のある人である」というとらえ方を、いきなり「反論を言う人は、愛すべき人である」のように変えようと思うと、あまりに無理があり、すぐに挫折して、嫌になってしまいます。

ここでは「反論を言う人の意見もたまには参考になる」とか「反論が聞けると、次からの対策になる」くらいから始めるといいでしょう。これくらいでも、意識のベクトルが随分外向きになります。これを地道に習慣として定着させていくのです。

このようにまず、自分のコントロールが効くところからちょっと始めてみる。するとそれに徐々に影響を受けて、やがて、相手やまわり、環境の方も変わっていくことを感じる日が来るでしょう。

04 目に見えるものの見方を変える習慣

　ここまでは、心の中にある信念や価値観という、目に見えないものについてお話ししてきました。ここからは、**「目に見えるものの見方を変える習慣」** についてお話ししましょう。

　「イメージチェンジ」という言葉があります。ある女性が長年続けてきたロングヘアーをバッサリと切って、ショートヘアーにしたとき、まわりから見たその人の印象は大きく変わります。普段ラフな服装の人が、ビシッとフォーマルなスーツを着たりするときなどもそうです。このように、目に見えるものを変えると、イメージは一変します。

　私たちは、頭の中で常にイメージしています。過去に旅行をして、良い印象を受けた場所を思い出すときも、頭の中ではその場所やそのときの体験をイメージしています。例えば、ハワイのビーチの思い出の場合、青く美しい海、白い砂浜、ヤシの木や、ビーチパラソルなどなど、それらを思い出すとき、頭の中でイメージしています。
　さて、ここで重要なのは、**あなたの頭の中のイメージは、あなたの感情とつながっている** ということです。
　あなたの好きな人の顔や姿のイメージは、あなたのポジティブな感情とつながっているはずです。反対に嫌いな人の顔や姿イメージは、あなたのネガティブな感情とつながっています。そのイメージを思い出しただけで、豊かな気分になれたり、嫌な気分になったりします。

ここで有効な方法は、**目に見えるもののイメージを変えてあげるこ
とです。** 目に見えるもののイメージを変えてあげることによって、出
てくる感情が変わってくるのです。（これをサブモダリティチェンジ
と言います。）

✓ 怖い上司をオウムに置き換えると

金融関係にお勤めのクライアントＡさんはとても有能な方で、同
僚からの信頼も抜群の方ですが、上司との関係が上手くいかないこと
に悩みがありました。お話を詳しく聞くと、この上司は、この方の都
合もお構いなくどんどん仕事を振ってくる。おまけに、自分の仕事に
加えて、不慣れな同僚がやり切れない仕事をカヴァーする役もしばし
ば引き受けざるを得ない状況でした。

そんなこんなで残業の毎日が続きます。ある意味では、デキる人間
だからこそこういう状況になったとも言えます。そんな状況でもＡ
さんは、上司からの仕事の依頼は断れなかったと言います。それは、
この上司が怖くて仕方がないと感じていたからでした。いつも不機嫌
で、職場でも激しい感情を露わにする。Ａさんと話すときでも、Ａさ
んを睨み付けるように話す。時には、とても強い口調にもなったそう
です。

私：「その上司を前にするとどんな気分になりますか？」
Ａさん：「とにかく怖いんです。何を言い出すかわからないし、急に怒
り出したりするので。」
私：「身体の感じは？」
Ａさん：「まさに縮み上がる感じです。心臓がドキドキします。」
私：「ちょっとイヤかもしれませんが、今この瞬間、その方を前にし

ているとイメージしてみてください。そして、目の前にいるその方の容姿、表情などをありありとイメージしてみてください。」

Ａさん：「怖い顔をしています。凄くイヤです。冷や汗が出てくる感じです。」

私：「ちょっと変なことを聞きますが、この方、何に似ていたり、何みたいに見えたりしますか？」

Ａさん：「……ん〜、オウムですかね。」

私：「いいですね。では、この方をオウムだと思ってください。顔だけオウムでもいいです。」

私：「どんな色をしていたり、どんなとさかがついていたりしますか？」

Ａさん：「ハハハ、黄色と緑が変な感じで混ざっていますね。とさかはだらんとしています。」

私：「あらためて、そんなオウムを前にしてどんな気分ですか？」

Ａさん：「オウムだと思うと、少し笑っちゃいます。」

私：「そのオウムが怒って、少し強い口調になっていますが、どうですか？」

Ａさん：「ああ、所詮オウムなんで、あまり何言っているのかわかりません。放っておいていいでしょう。」

私：「これからその上司を前にしたとき、そのオウムのイメージを持ってみて、オウムが何か言ってるみたいな感じで対応できそうですか？」

Ａさん：「できますね。これいいですね。気持ちが楽になります。やってみます。」

　こうして、怖い上司の顔という見えるもののイメージが、オウムのイメージに変わりました。Ａさんはこの後、この上司とのやり取りの

際、怖さや怯えを感じなくなったそうです。同時に、縮み上がったり、心臓がドキドキしたりするような体の反応もなくなったとのこと。身体の反応が変わるということは、潜在意識のプログラムが書き換わったということです。

そして、引き受けると連日の残業になる可能性のある仕事の依頼など、受けたくない仕事をやんわりと断ることもできるようになったともいいます。これにより、Ａさんの職場でのストレス値は、格段に軽減されました。

これは、怖れる相手について持っている頭の中のイメージを、ユニークな方法で変えてみるという例です。オウムの顔を一度頭の中でありありと、イメージしたことにより、本物の上司を目の前にしたときでも、そのイメージが目の前の上司の顔に乗っかり、怖れや怯えを感じなくなるという構造です。目に見えるものの見方を変え、別のイメージを頭の中に持つことによって、起こってくる感情がまったく違うものになるのです。

ちなみに後日談ですが、この頃この上司は、プライベートでとても傷つくことがあったそうです。悪気があってギスギスしたり、不機嫌な態度を取っていたりしたわけではなかったそうです。その頃、話しかけられないほど怖かったということをＡさんから伝えると、お互い懐かしく思えるような笑い話になったそうです。それだけ、良好な関係になったということですね。

✔ 目の前の人の最高の笑顔をイメージする習慣

ここで、この効果を応用した万能な習慣の１つをお伝えしておき

ましょう。これは多くの人との人間関係を良くすることに役立つものなので、ぜひ参考にしてみてください。それは、**目の前の人の最高の笑顔をイメージする習慣**です。

企業研修の講師をやっていると、時々イヤイヤな感じで参加している方を目にします。研修のスタートのとき、いかにもかったるい感じで会場に現れ、面倒くさそうに席に着く。顔はしかめ面、態度は横柄、およそこれから1日大事なことを学ぼうとする態度ではありません。経験から、このような態度の方は一瞬でわかります。

私は、こういうとき、「イヤな感じの人が来たな」とは思わないようにしています。「仕事やプライベートで何か気に入らないこととか、上手くいっていないことがあるのだろうな」と想像します。

そして、**この人が最高の笑顔を見せる瞬間は、どんな瞬間なんだろう？ さらには、その最高の笑顔は、どんな笑顔なんだろう？** とイメージしてみます。

今日この場ではしかめ面だけど、この人のこれまでの人生の中では、この人の最高の笑顔の瞬間があったはず。そして、これからもあるはずだと思いながら。そんなふうに、目に見えるものの見方を変えてみて、相手の最高の笑顔を頭の中でイメージしてみる。すると、こちらの方も自然な笑顔も出てきて、ごく自然に話しかけられるようになります。

そして、そんな心の状態で話しかけている人間の放つ雰囲気を相手も感じ取るのか、話していると、態度がどんどん柔らかくなるのがわかります。そして、研修が始まって数十分経った頃には、非常に積極的な参加者に変わっていたりします。

面白いのは、こういう人の参加態度が変わると、普通の人以上に研修全体にしっかり貢献してくれるという事実です。元々不平不満の多い人は、良くなって欲しいという願いも人一倍強いのですね。

　この習慣を付けることは、普段の人間関係にももちろん応用できますし、営業や接客業をされている方には特におすすめです。たとえ目の前のお客さんがしかめ面をしている場合でも、**「この人が最高の笑顔を見せる瞬間は、どんな瞬間なんだろう？」**と考え、**「そのときは、どんな笑顔をされるのだろう？」**とイメージし、**「そのために私に何ができるだろう？」**と考えてみるのです。

　常にこれを行う習慣が付けば、あなたの対人対応力は格段に上がっていることでしょう。これも、始めるときは、まわりの人全員に対してやるというようなことはせず、あまり無理せずできそうな人から始めてみることをおすすめします。

06 自分を傍観してみる習慣

　最後にご紹介するのは、自分を傍観してみる習慣です。

　高いビルに昇って下を見渡すと、自分の考えていることのちっぽけさを感じる感覚にも近いかもしれません。これは、自分自身を外側から見てみることで、**出来事（事実）と思い込みを切り離す**という習慣です。

　悩み苦しんでいるときに持っている思い込みは、視野を狭め、可能性の探索への推進力を弱め、ストレスを増大させます。これは、言わば袋小路に入っているようなもの。人はついついこの袋小路に入って、抜け出すことに希望を持たなくなってしまう場合があります。

　一方、私のメンタルコーチの経験から言えば、深い迷いに入って、抜け出すのは困難と思っていた人も、意外とすんなりと抜け出すことができるのです。そこから抜け出すことにおいて大切なのは、**傍観者の意識を持つこと。**

　悩み、苦しみ、思い込みにどっぷりと浸かっていると、その思い込みをあたかも事実としてとらえがちになります。起こっていることへの勝手な決め付けなども起こり、人間関係でいえば、「あいつはこう思っているに決まっている」というように、まわりの人たちが信用できない状態になっていることすらあります。だから、一度冷静になって、**事実とその思い込みを切り離す必要があるのです。**

　ここで、友人や知人から悩み相談を受けた経験を思い出してみてください。

相談している本人は、思い込みにはまってしまっているので、深刻な状態で、感情も振り乱している。一方、こちらは冷静で全体が見えているので、その人の思い込みと起こっている事実の区別がついていて、解決方法が明確にわかったりする。これが傍観者の意識状態です。

　しかし、自分のこととなると、自分に対して傍観者意識をなかなか持ちにくいのが現実です。人にはタイプがありますが、傍観者というよりも当事者意識が強いタイプの人（こういう人は集中力が高いという特徴も持つ人です）にとっては、普通は傍観者の意識状態になることはなかなか困難であることは確かです。

　では、ここで、自分を傍観するセルフコーチングのやり方の例を挙げていきましょう。あなたが今悩んでいるテーマについて、自分を傍観してみます。まずは、あまり重くない悩みのテーマを１つ選んでください。慣れていないうちからあまり重いテーマでやってしまうと、次のステップ２で、心に負担がかかり過ぎてしまう場合がありますので、注意してください。

▶ Step 1

　最初はリラックスすることから始めます。椅子に腰かけながら、深呼吸を何回かして、肩の力を抜きます。肩の力を抜くときは、一度思い切り肩に力を入れてから、スッとその力を抜いてあげると上手く抜くことができます。

▶ Step 2

　椅子に腰かけながら、あなたがその悩みに最も苦しんでいる瞬間を思い出します。どこにいて、どんな人たちといて、何をしているか？

そのとき見えるもの、聞こえるもの、感じている体の感覚、まるでその瞬間が今ここで起こっているかのようにありありと感じてみてください。そして、この瞬間感じている気持ちはどんな気持ちか？

その気持ちを強く感じると、体はどんな反応（胸が苦しい、肩が重いなど）をしているか？ などをリアルに感じてみてください。

▶ Step 3

次に、ちょっと変な話ですが、まるで自分の体と心から抜け出すように、その座っている場所から立ち上がって、二、三歩ばかり別の場所に移動します。

離れたら、その離れた場所で、伸びをしたり、足をバタバタさせたりして、一度思いっきりリラックスします。悩みの瞬間を臨場感を持って体験した後ですから、ここでは思いっきり心も体もリラックスしてみます。ここでしっかりリラックスすることが、とても大事です。

▶ Step 4

十分にリラックスしたら、その椅子から離れた位置から、ステップ2で苦しんでいる自分（椅子に座っている）をまるで他人事のように見ます。ビデオを観るようにでも、雲の上から見るような感じでも、感覚に合った感じで見てください。そして、その苦しんでいる状況を冷静に実況中継してみてください。

▶ Step 5

解決のアイデアや、何かアドバイスしたいことが浮かんだら、その位置から、その苦しんでいる自分に伝えてあげてください。

いかがでしたでしょうか？ これが傍観者のように自分を見るやり

方の1つの例です。これによって、事実とその思い込みを切り離すことができ、その苦しんでいる自分に、まるで他人にするようなアドバイスができたりします。

時には、この状況の効果的な解決方法がひらめいたりするようなことも起こってきます。これは、当事者から傍観者の立場になることによって、視野が開け、自分への客観性を増し、思い込みを越えた事実がたくさん見えてくるために起こってくることです。

また、ステップ2で感じたような身体の感覚（胸が苦しい、肩が重いなど）も変わってきていることに気付くでしょう。**特に身体感覚の変化を感じたら、それは潜在意識レベルで思い込みが書き換わっている証拠です。**なぜなら、潜在意識は身体の感覚に直結しているからです。

これは、例えば、犬恐怖症が潜在意識レベルで書き換われば、犬の近くにいっても、震えたり、心臓がドキドキしたりするような身体感覚がなくなるというのと同じです。

また、自分を傍観する習慣のメリットは、**これまでに見えていなかった事実を知ることができる**という面にもあります。

当事者意識の状態ばかり続くと、視界がどんどん狭くなり、事実を客観的に見られなくなります。このことにより、事実の見落としだけでなく、思い込みと事実の混同までが起こってきます。よくある話ですが、「あの人たちはどうせ私のことを嫌っているんだ！」というような思い込みを事実だと勘違いして、人間関係を自らどんどん悪化させていくパターンもこれのうちです。

人は、自分自身で体験したことですら、その事実の断片しか見えていません。例えば、同じものを見ても、ある人は「六角形で中心に丸

い黒いものがある物体だった」と言い、ある人は「細長い物体だった」と言い、またある人は「尖った、先の黒い三角形の物体だった」ということがあるのです。これはあるものを、どの角度から見るかで、人の中に認識される事実が異なってくるということを表しています。当事者意識にはまると、断片の情報しかつかまえられないことが、しばしば起こってきます。これを傍観者的に俯瞰してみると、視野が広がることでいろいろな事実がわかり、それが鉛筆であるとわかるのです。

このように、傍観者視点を持ちさまざまな角度から出来事や事実を見ていくことが、思い込みという呪縛から抜け出すために非常に効果的と言えます。この視点を持つことを習慣化すると、日々のストレスレベルが下がり、起こっていることへの把握力が格段に上がります。

傍観することで視野が広がる

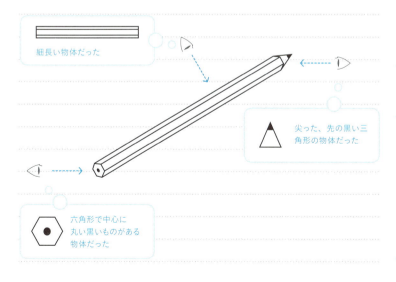

Check Lists

- ☐ 起きていることは同じでも、認知の仕方次第で出てくる感情が変わってくる

- ☐ 積極的なとらえ方をする習慣で、未来への明るい視点が得られる

- ☐ 潜在意識の中にある思い込み(信念、価値観) をどうコントロールするか、ということが心を安定させ、日常レベルでストレスを軽減するキーとなる

- ☐ 目の前の人の最高の笑顔をイメージする習慣で、対人対応力が格段に上がる

- ☐ 自分を傍観してみる習慣で、事実と思い込みが切り離される、視野が広がる

おわりに

　最後まで読んで、習慣化に向けての気持ちは、どこまで高まっているでしょうか？

　一度にいろいろな習慣を身に付けたくなってくる気持ちはわかります。しかし、まずは１つの習慣を無意識に行っているくらい徹底的に定着するように動いてみてください。

　本書を手にされ、ここまで読み進めたあなたには、それに向かう準備がもうすでに整っています。

　あなたの本当の目標に気付き、その心にスイッチが入ったら、自然とその目標に向かい始めます。

　ぜひ本書を何度も読み返しながら、書かれている知識とやり方を使って、良い習慣をしっかりと定着させていってください。潜在意識を味方に付けながら、自分でも驚くような成果が出てくることを、必ずや実感すると思います。

　潜在意識を味方に付ける習慣化の方法は、言わば**最も簡単な成功法則**なのです。

　メンタルコーチや講師という、言わば「支援」の仕事に携わっていていつも感じることは、「自分の大いなる可能性に気付いていない人が、何と多いことか」ということです。そんな状態の人たちが、コーチングや講演、研修を受けて、自分自身の可能性に気付くとともに、人生レベルでのインパクトのある大きな変化を遂げる例に、数多く巡り合っている者として言えることは、**「あなたには、あなたの想定を遥かに超える可能性がある」**ということです。

　本書『自分を変える習慣力』は、あなたのその大いなる可能性を発

動させるスイッチについての本です。

　この本を書きながらいつも考え続けていたことは、私のコーチングや講演、研修を受けて、人々に起こってきた大きな変化を、いかにしてこの本を読んでいただいているあなたに起こすことができるかということです。そのために、文章の構成や表現方法などを、何度も何度も見直し、工夫を凝らしました。そして、その力を引き出すために最適なキッカケとして、「習慣化」というスイッチを作動するやり方をお伝えしました。

　もう一度言います。あなたには、あなたの想定を遥かに越える可能性があるのです！

　すべては、このことを信じることから始まります。
　信じるべきものは、人間という存在の可能性（潜在力）です。いつまでも眠らせおくのは、あまりにももったいない。あなたの人生の主人公は、あなた自身。あなたがその記念すべき小さな第一歩を、しっかりと踏み出すこと、あなたのそのとてつもない潜在力を引き出していくことを確信しています。そして、あなたはさらに多くの人たちに貢献する存在になっていくことでしょう。
　あなたは力です。力の結晶です。

　最後に、多くの方々との有り難いご縁により、本書の出版に至ったことを心から感謝させていただきます。
　数年前の私を考えると、本の著者になれるなどとは到底考えられませんでした。そんな私が、まず自分の可能性を信じてみることから始め、スイッチとなった早起きの習慣を身に付けたあたりから、驚くよ

うな変化が次々に起こり、そしてありがたいご縁もたくさんいただくことになりました。この出版にあたって、多大なるお力添えをいただいた方々に心からお礼をお伝えしたいと思います。

　この出版のお話を直接いただき、今回、特別に編集者としても深く関わっていただいたクロスメディア・パブリッシングの小早川幸一郎社長、そしてサポートをしていただいた播磨谷菜都生さんに感謝申し上げます。小早川社長は、その穏やかなお人柄の中に、時折見せる敏腕編集者としての研ぎ澄まされた視点がとても印象的でした。播磨谷さんには、必要なデータや資料を頻繁にご提供していただき、本当に助かりました。

　この出版のきっかけをつくっていただいた大嶋朋子さん、富樫佳織さん、本当にありがとうございました。お二人とのご縁がすべての始まりでした。

　私のコーチングの師である平本あきおさん、宮越大樹さん、そして、NLPの師である山崎啓支さんにも心から感謝をお伝えします。みなさんからの教えは、この本の中に深く反映されています。本当にありがとうございます。

　堀江裕美さん、セットユウイチさん、堂山祐弥名さん、宮脇小百合さん、武田早苗さん、山内柳子さん、花島孝夫さん、山田覚也さん、山田葉月さん、橋本幸恵さん、関口寿子さん、渡邉純子さん、野呂亜紀子さん、仁平寛子さん、仁平桃子さん、阿部恵理子さん、浦野隆さん、安藤司さん、加藤大さん、小林正伸さん、小林朋子さん、反町智孝さん、中嶋裕則さん、板野司さん、住福純さん、有江健彦さん、都築宏一さん、山本かな美さん（順不同）に心から感謝いたします。

また、この文面には書き切れないですが、貴重なご縁をいただいて、さまざまな形でお付き合いをいただいているすべてのみなさまに心から感謝いたします。

　そして、本書を手に取って、読んでいただいたみなさまに心から感謝いたします。本書がみなさまの大きな変化のきっかけになることを信じております。このご縁に感謝です。コーチングや、講演や、研修など、いつか何かの形でお逢いできることを心から楽しみにしております。

　最後に、いつも支え続けてくれている妻に心から感謝を伝えたいと思います。私がこのようにやっていられるのも、あなたのおかげです。本当に感謝しています。
　そして、私に多大なる影響を与えてくれた母、さらには最愛の息子と娘に本書を捧げます。

　最後までお読みいただき、本当にありがとうございました。

　三浦将

【著者略歴】

三浦将（みうら・しょうま）

株式会社チームダイナミクス 代表取締役。人材育成・組織開発コンサルタント／エグゼクティブコーチ。英国立シェフィールド大学大学院修了（理学・経営学修士）。

「コミュニケーションの質が企業を変える」と言う観点から、アドラー心理学やコーチングコミュニケーションを基にしたユニークかつ効果的な手法で、企業の人材育成や組織開発をサポート。複数のグローバル企業でのブランドディレクターの経験を活かし、理念経営を実践するための存在目的・行動規範・ビジョンの設定、および浸透における要諦を指南している。さらには、習慣化の手法を応用した、「社員一人一人がブランドの約束を守る企業」への体質変換のプロデュースも、その特徴的な活動である。

メンタルコーチとしても、数千回のセッション実績を持ち、オリンピック日本代表アスリート、経営者などをはじめとする人々に、「クライアントが最も輝く瞬間を実現化する」コーチングを実践中。数あるエグゼクティブコーチの中でも、自身が外資系企業でのエグゼクティブポジション経験を持つ、極めて稀有な存在である。

また、「月曜の朝、元気に仕事に向かう人たちをこの社会に増やす」を存在目的に、コンサルティングや企業研修を行う、株式会社チームダイナミクスの代表取締役でもある。

HP http://www.teamdynamics.co.jp

ブログ http://ameblo.jp/lifecoach1/

自分を変える習慣力

2015 年 12 月 1 日　初版発行

発 行　**株式会社クロスメディア・パブリッシング**

発 行 者　小早川 幸一郎

〒 151-0051　東京都渋谷区千駄ヶ谷 4-20-3 東栄神宮外苑ビル

http://www.cm-publishing.co.jp

発 売　**株式会社インプレス**

〒 101-0051　東京都千代田区神田神保町一丁目 105 番地

TEL (03)6837-4635 （出版営業統括部）

■本の内容に関するお問い合わせ先 ……………………………………… クロスメディア・パブリッシング
　　　　　　　　　　　　　　　　　　　　　　　　TEL (03)5413-3140 ／ FAX (03)5413-3141

■乱丁本・落丁本のお取り替えに関するお問い合わせ先 ……………………… インプレス カスタマーセンター
　　　　　　　　　　　　　TEL (03)6837-5016 ／ FAX (03)6837-5023 ／ info@impress.co.jp

乱丁本・落丁本はお手数ですがインプレスカスタマーセンターまでお送りください。送料弊社負担にてお取り替えさせていただきます。但し、古書店で購入されたものについてはお取り替えできません。

■書店／販売店のご注文受付 …………………………………………………… インプレス 受注センター
　　　　　　　　　　　　　　　　　TEL (048)449-8040 ／ FAX (048)449-8041

カバー・本文デザイン　上坊菜々子（cmD）

ISBN 978-4-8443-7444-2 C0030

印刷・製本　中央精版印刷株式会社

©Shoma Miura 2015 Printed in Japan

この本を読んだ方にお薦めの1冊

トレーニング、栄養学、メンタルタフネス、脳科学から
ベストパフォーマンスを引き出す決定版

強いカラダ・ココロ・アタマをつくる
はたらく人のコンディショニング事典

岩崎一郎／松村和夏／渡部卓（監修）
定価：1480円（税別）